勝ち目を見抜く力

The ability to see the winning edge

チャンスに全ベットして
18歳で
億万長者
になった話

Zosentarou
造船太郎

KADOKAWA

はじめに

「ラクして稼ぎたい。でも、そんな話には裏があるに違いない……」

「投資やギャンブルで一発逆転なんて、自分には無理だ」

「失敗するのは怖いし、結局リスクを取るのは難しい」

お金を増やしたい、自由に生きたいと思う一方で、不安や恐怖がついてくる。あなたもそんな気持ちを抱えていませんか？　かつての僕も、そう思っていました。


はじめまして、**造船太郎**《ぞうせんたろう》と申します。造船株で大儲けをしたことから、この名前を名乗っています。**小学生の頃から投資に興味を持ち**、株式投資をスタートさせ、**18歳で億万長者**になりました。20歳のときには、指定されたサッカー12試合の合計得点数をコンピューターがランダムで選ぶスポーツくじ「**MEGA BIG**」**で2億円超の当せん（回収率300%）**を果たしたことが話題になり……このニュースで僕のことを知ってくださった方も多いのではないでしょうか。

投資を始めたばかりの頃、僕はただのギャンブラーでした。勝てる根拠もないのに「なんとなくいける気がする」と適当に投資し、大損。小学生の頃からお金を増やすことが大好きだったのに、勝負の仕方が分かっていなかったのです。

しかし、その後、勝負に出るべき場面とリスクの見極め方を学び、行動を変えたことで、20歳で総資産3億円を超えることができました。

大事なのは、運だけでお金を増やそうとしないことです。正しい考え方を持ち、適切な場面でリスクを取れる人だけが、本当に人生を変えるチャンスを掴めます。

本書では、そんな「**運を超える成功の方程式**」をお伝えします。

まず第1章では、「お金とは何か」について話します。お金はただの紙や数字ではなく、「**自由を手にするためのツール**」です。お金の本質を理解し、正しく使うことができれば、人生の選択肢は大きく広がります。

第2章では、僕自身の20年間のチャレンジを振り返ります。小学生の頃からお金に触れてきた経験や、**投資の成功・失敗、リスクを取ることで得た教訓**など、リアルなエピソードを交えて紹介します。

第3章では、大勝負に臨むための思考法とメンタルについて掘り下げます。なぜ僕は全財産をスポーツくじに賭けられたのか？　それは単なる無謀な行動ではなく、**期待値とリスクを計算**した上での決断でした。勝負すべき場面を見極め、論理的に戦う方法を解説します。投資だけでなく、どんな挑戦にも生かせるはずです。

第4章では、自分に合った稼ぎ方を見つけるための考え方を紹介します。副業、投資、ビジネス、ギャンブルなど、お金を増やす手段はさまざまあり、全員に同じ方法が合うわけではありません。**自分の得意な分野で戦う**ことが重要です。個人的には、**やりたいことで稼ぐのではなく、稼いでからやりたいことをやる**のがおすすめです。投資の面白さについても語ります。

そして第5章では、人との出会いがどれほどのお金と夢を生むかを伝えます。僕は経営者や政治家、YouTuber、投資家など、たくさんの著名人の方と知り合い、日々お世話になっています。そんな方々と**どのようにして人脈を築いたか**振り返りながら、信頼できる人から得る情報がどれだけの価値を持つのか、環境を変えることでどんなチャンスが広がるのかを考えていきます。

本書を通じて、あなたが「リスクを取る勇気」を持ち、自由に挑戦し、成功するための考え方を身につけられることを願っています。

勝負の場面を見極め、論理的に行動すれば、人生は大きく変わります。

さあ、一歩を踏み出しましょう。

造船太郎

第3章 一攫千金をものにする思考法とメンタル

第4章 ラクして稼ぎたい僕たちはどう生きるか

第5章 お金と夢を生む出会いのつくり方

※本書に掲載されている情報は執筆時点のものです。
※投資はご自身の判断でお願いいたします。本書の情報を利用されたことにより損失が発生した場合も、著者及び出版社が責任を負うものではありません。

ブックデザイン　山之口正和＋永井里実＋高橋さくら（ＯＫＩ－ＫＡＴＡ）
ＤＴＰ　エヴリ・シンク
校正　東京出版サービスセンター
編集協力　堀越愛

第1章

20年考えてきた「お金とは何か」の答え

お金は単なる紙や数字ではなく、「人生の選択肢を広げるツール」です。資産を持つことで自由が手に入り、やりたいことに挑戦する余裕が生まれます。

あなたはお金を増やすことだけが目的になっていませんか？　本当に必要なのは、「お金を持つ理由」と「どのように使うべきか」を理解することです。

本章では、お金の本質と正しい向き合い方を考えながら、自由を手に入れるための考え方を解説していきます。

お金は「印刷された自由」である

あなたにとって、「お金」とはなんですか?
そう問われたら、みなさんは何を思い浮かべるでしょうか。

試しに、「お金とは」と検索してみましょう。金融系のサイトを読むと、お金は経済用語では「通貨」や「貨幣」と呼ばれているという記載があります。
つまり、お金は、物やサービスの価値を判断する尺度であり、それらを購入する際に利用できるものだといえます。おそらく、みなさんが思い浮かべた「お金」のイメージと相違ないのではないでしょうか。

お金の歴史は古く、物々交換から始まり、貝殻や金属、紙幣、そして現在使われているクレジットカードや電子マネーへと進化してきました。

お金を発行している中央銀行は、通貨の発行や金利の調整を通じて、経済の安定を図ります。また、銀行は預金や貸しつけを行い、資金の流通を促進しています。

主な機能は、**価値の保存、交換の媒介、価値の尺度**の3つ。持ち続けていれば名目的な価値は変わらず保持することができます。また、物々交換では両者の欲しいものが一致する必要がありますが、お金を使うことで、欲しいものを自由に手に入れられます。そして、物やサービスの価値をはかるものさしとしての機能も持っています。価値の保存と交換の媒介の役割はほかのものでも代用できますが、価値の尺度としての機能はお金でしか果たせないと思います。僕は特にこの働きを重視しているので、後ほど詳しく説明します。

では、僕にとってのお金とは何か。

それは、**「印刷された自由」**のことです。

お金があったら、だいたいのことはなんでも実現できます。つまり、**お金は自由を手に入れるための手段。**お金があれば欲しいものを買えるし、いい環境で暮らせるし、選択肢が増える分、可能性も広がります。〝自由〟を具現化したものが、お金だと思うのです。

お金が実現させるのは、自分自身に関する自由だけではありません。**お金があれば、困っている誰かを救うことができます。**

身近な人を助けることもできますし、極端な例ですが、学校をつくって貧しい国の子どもに学ぶ機会を与えたり、伝染病に備えるワクチンを供給できたりもします。

「人を救いたい」と思う気持ちや、その手段を考えることはとても素晴らしいと思います。でも、どんなにいい方法を思いついても、お金がなければ実現できません。**お金は、机上の空論を実現するための手段**ともいえるのです。

「お金より愛のほうが大事だ！」という人もいるでしょう。人それぞれ考え方は違うので、僕はそれを否定しません。

でも、愛情だけで愛する人を守ることはできるでしょうか？　ひもじい思いをさせず、いい環境で生活をさせて、やりたいことを実現できる可能性を潰さないのも愛。僕にとって、**愛とはお金でもある**のです。

お金は、物質的な豊かさだけでなく、精神的な豊かさも生み出します。

「お金によって自由を手に入れることは、豊かな精神性で人生を送ることにつながる」

僕はそう考えているので、これからも〝お金を持つこと〟にこだわって生きていくつもりです。

お金の価値は人それぞれ

お金の価値は人によって大きく変わると思います。

お金の価値は、年齢や住んでいる場所など、その人が置かれている環境にも大きく左右されます。たとえば、若い人は遊ぶためにお金を使うけれど、結婚して子どもがいる人は子どものために使うことが多いと思います。それから、地方よりも東京のほうが物価高ですから、同じ金額でも東京のほうが価値は低いといえます。

キャバクラに行って一晩で100万円使う人と、必死に100万円を貯めた人でも、〝100万円の価値〟は異なりますよね。

お金の価値自体が人によって違うからこそ、「**誰かと比べてお金がある・ない**」と

思う必要はありません。自分にとってのお金の価値を、正しく捉えることが大切だと僕は考えています。

資産300万円の人にとっての10万円は、資産3億円の人にとっての1000万円と同じ割合です。

お金を持つと「数万円なんてはした金」……とお金を大事にしなくなる人もいるかもしれませんが、莫大な資産が欲しいなら、当たり前ですが**お金は大事にしたほうがいい**です。

考え方を変えれば、「今持っている1万円が将来100万円になるかもしれない」ということでもあります。今ある僅かなお金も、いつか莫大な資産に変わるかもしれません。個人的には、無理をしてまで1円単位でケチる必要はないと思っていますが、いずれにしてもお金は大事にするべきだと思います。

あなたはなんのために、どのくらいのお金を得たいと思いますか？

まずは、お金の価値を振り返ることから始めましょう。

お金持ちになると、お金の使い方は変わるのか

お金を持つと、生活の質を上げることができます。ブランド物に身を包み、広くて立地のいい部屋に住んで、高級な食事ばかり取る……。そして、その後収入が下がってもそんな暮らしを変えられず、破滅の道に進む人もいるでしょう。

とはいえ、稼いだお金は天国に持っていけるわけではありません。それでは、せっかく手に入れたお金を、どう使うのが正解なのでしょうか？

お金を持つ人は全員、**お金の〝使い方〟を振り返る必要がある**と思います。

僕は、**年間に使える金額は「資産の5％まで」**と考えています。

というのも、僕の場合、大きな手間のかからないインデックス投資のような手段で

増やせる資産収入が、だいたい年利5％だから。つまり、それを上回る額を使えば資産が減っていく可能性が高まるということです。当たり前の考え方ですが、支出が収入を超えたらお金はどんどん減っていきます。そのため、このラインを超えないことが重要です。

現時点（2025年2月）で、僕の資産は約3億2000万円。年間で使える金額は、その5％の1600万円。月換算すると、毎月約130万円が使える金額の上限です。

……と言いつつも、最近は月200万円ほど使ってしまっているのが現実です。支出の大半を占めているのが、タクシー代と飲み代。お金を持ってからは電車ではなくタクシー移動がメインになりました。移動に労力をかけたくないので、今後もタクシーに乗れる程度の資産は持ち続けたいと考えています。とはいえ、飲み代は明らかに使いすぎ……だから、早急な見直しが必要です。

前に一人暮らしをしていた部屋の家賃は14万円ほどで、東京都内で暮らすには、それなりに妥当な金額でしたが、最近、家賃33万円のタワーマンションに住み始めました。家の質はＱＯＬに直結すると感じ、狭い部屋でストレスをためて無駄遣いをするよりコスパがいいと思ったからです。

物を買う際には**リセールバリュー**を意識しています。これは、購入品を再販した際の価値のこと。購入から年数が経過しても価値が下がりにくいものは「リセールバリューが高い」といえます。いつか不要になった際にもできるだけ損をしないようにと考えています。僕は、１０００万円の時計を買っても、その時計が１０００万円で売れるなら、お金を使ったという感覚にはなりません。

また、食事に関しては「高い＝美味しい」というわけではないなと思っています。高級な食事も経験し、一人３万円くらいするコース料理の店にも行ったことがありますが、「こんなもんか」とちょっとがっかりしてしまったくらい。美味しいけれど、普通だなと思いました。

いろいろと経験してみた結果、僕の食の好みは「安くて美味しい」ものだと感じるようになりました。

高いコース料理もマクドナルドも、どちらも「美味しい」ことに変わりはありません。以前、ドナルド・トランプさんとイーロン・マスクさんが、プライベートジェットでマクドナルドのハンバーガーを食べている写真を見たことがあります。僕はそれを見て、**どんな立派な人にとっても美味しさに金額は関係ないのだな**と思いました。

「投資の神様」と呼ばれるアメリカの投資家、ウォーレン・バフェットさんは、日本円にして20兆円を超える資産を保持しているにもかかわらず、毎朝マクドナルドを食べているそうです。また高級車ではなく、数百万円の大衆車に乗っているとか。

この話を聞き、「やっぱりこういう金銭感覚の人が投資で成功するんだな」と思いました。

僕も、**どんなにお金を持ったとしても、こういう一般的な感覚は失いたくない**と思います。

お金で自由と経験を買う

前のページで、「稼げるようになっても大衆的な感覚を忘れずにいたい」という話をしました。けれど、だからといって僕は、節約ばかりするのがいいとは思いません。**若いときにこそ「体験にお金を使う」べき**だと思っています。

たとえば、高級時計の価値は時計そのものだけにあるのではなく、「高級時計をつけてみる」という体験にこそあると思っています。

つけてみた結果、僕の感想は「こんなもんなのか」。高級時計をつけたらもっとワクワクするものだと思っていましたが、実際はそうではありませんでした。

でも、こう思えたのも、「高級時計をつけてみる」という体験にお金を使えたから。

だから、**やりたいことは、多少お金がかかることでも、どんどんやっていこう**と思っています。

最近は、体験を求め、月1回以上国内外に旅行に出かけています。1回の旅行にかける金額は平均して20万~30万円ほど。僕はアパホテルが一番好きなので、宿泊以外の部分にお金をかけるようにしています。

僕は人生をコスパよく生きることが好きですが、**実は「コスパの悪いこと」をするのが、本当の贅沢なのではないか**とも思っています。

ボーッとして時間を無駄にすることで、時間がたくさんあるということを実感できるし、お金を無駄に使うことで、お金がたくさんあることの豊かさを体感できるのではないかと考えています。

たとえば、子育てには時間もお金もかかるし、自分の自由も制限されます。それでも、親になった人が「こんな感情、経験したことがない」と言うのを聞くと、僕もいつかその感覚を味わってみたいと思います。

お金を持っているからこそ、「コスパの悪いこと」を楽しめる余裕が生まれるのです。

お金を稼いだ先にある、人生の目的

最終的に、**お金は自分が本当にやりたいことを実現するためにあります。**

「このお金をどう使えば、自分の人生がもっと面白くなるのか？」と考えることこそが、その人らしい生き方につながるのではないでしょうか。

僕自身、まだ進路を完全に見つけたわけではありません。でも、お金を通じて経験したことのない世界を知り、新しい選択肢を持てるようになりました。

現時点で、僕の目標は20億円貯めること。20億円貯まったら、上場企業を買収することに使いたいと考えています。

上場企業の時価総額でもっとも安い価格帯が10億〜20億円。TOB（株式公開買いつけ）を行う際には、ある程度買収プレミアム（市場価値と買収額の差額）を乗せる必要があるので、20億円あれば、買収が可能な企業があるのではないかという計算です。

ただ、最近、上場企業を買収した経験のある社長さんにお会いしてアドバイスをいただきましたが、上場企業を買うにはお金以外にもさまざまな障壁があって、なかなか難しそうだとも感じています。

以前まで、僕は「1億円欲しい」と思っていました。1億円あれば、十分な株の元本になると考えていたからです。「1億円を元手にすれば、投資で無限にお金を増やせるんじゃないか」……そう思っていました。

しかし、実際に1億円持ってみて分かったのは、この金額でできることには限りがある、ということです。

もちろん大抵の夢を叶えるための大きなパワーにはなると思います。

でも、僕の「株で無限に稼ぐ」という野望には届きませんでした。1億円持っている人なんてゴロゴロいるので、みんな同じ手法を考えます。そのため、何かいい投資の策を思いついたとしても、実現が難しいのです。

これもまた、実際に体験してみて理解できたことといえます。

上場企業を買収するより、起業したほうが早いんじゃないか？　と思う人もいるかもしれません。ただ、今の僕にはゼロイチで事業を生み出すアイデアがありません。また、何か思いついたとしても、僕一人で実行に移すのはかなり難しいと思います。

それならば、自分で起業するより、既存の上場企業でオーナーになるほうが現実的です。僕には事業のアイデアはありませんが、「株主が何をしたら喜ぶか」「どうやったら株価が上がるか」の知見には自信があります。

上場企業に入って、事業自体には口を出さず、資本政策や株価対策に自分の知識とお金をつぎ込む。これが、今の僕が目標にしている「お金の使い方」です。

この夢は、今後変わる可能性もあります。稼ぐことを楽しみつつ、稼いだお金で「人生の目的」を見つける旅を続けていきたいと思います。

お金は「持っている」状態に意味がある

大金を持つと人は悪いほうに変わってしまうとか、堕落するとか、努力しなくなるとか、よくいわれていますよね。お金を持つ＝よくないこと、と捉える人も多いようです。

たしかに、僕はお金を持って少し堕落しました。大学も「お金があるから最悪やめても生活できる」と思って休むようになりましたし、以前は歩いていた道もタクシーを使うようになりました。

でも僕は、お金を持って、それ以上に幸せになりました。

その理由は、前述の通り。お金とは「印刷された自由」だから。そして物質的・精神的に自由であることこそ、幸せだと思うからです。

何かを「やりたい」と思ったとき、僕はお金を理由に諦めることがありません。お金があれば、何かを実現するための道筋をつくるにあたり「お金が足りなくてできない」と悩んだり、「まずは資金を準備して……」と遠回りしたりする必要がない。だから、**最短距離で、そして現実性を持って、まっすぐ願望に向き合うことができる**のです。

僕は、**お金を「持っている」状態にこそ意味がある**と思っています。

たとえば、500万円持っていたとしても、それを〝使い切ってしまった〟状態には意味がありません。意味があるのは、お金を持っている状態そのものです。

お金がある状態だからこそ、いつでも食べたいものを食べられるし、行きたいところに行けるし、やりたいことができます。僕は常にお金を持っている状態だから、自由に選択ができるのです。

稼いだお金を使うことには、満足感があります。自分のために贅沢をするのも、誰かを喜ばせるために使うのも、どちらも楽しい。一方で、**お金を持ち続けることには安心感があります。**資産が増えていくのを見るのも、また一つの楽しみです。

僕がこだわっているのは、**「お金を持っている」状態であり続ける**こと。

大金を得て、それを使ってラクがしたい、ずっと遊んで暮らしたい……というわけではなく、僕にとっては、**いつでも選択できる状態を持続することが重要**なのです。**人生のステージや目的が変わるたびに、お金の使い方も変わります。**その時々で最高に楽しめる選択ができるように、お金はいつも手元にあるほうがいいのです。

仮に「お金を増やす」というレールがあった場合、そのゴールまで行けたというには、数百億円稼いでも足りないくらいだと思っています。「使っても使ってもなくならない！」というレベルに達した人だけが、このレールのゴールにたどりついたということができるのだと僕は考えています。

一生かけて稼ぎ続けたい

ゴールを目指さないまでも、「ここまで稼いだんだから、もういいや！」といえるラインは、人によって異なります。

ここ数年で、**「ＦＩＲＥ」**という言葉をよく聞くようになりました。

ＦＩＲＥとは、「Financial Independence, Retire Early」の頭文字を取った言葉。資産運用によって生活費を確保し、早期に仕事をリタイアするライフスタイルのことをいいます。

ＦＩＲＥできる基準としていわれているのは、**年間支出額×25倍の資産**（資産を年利4％で運用すると仮定）。仮に年間支出額が５００万円であれば、１億２５００万円の資産があればＦＩＲＥが可能です。

１億２５００万円あれば年間５００万円使いながらＦＩＲＥできる……と考える

と、総資産3億円の僕は、今すぐ早期リタイアを選択することが可能です。僕の総資産から逆算すれば、500万円どころか、理論上は年間1200万円の支出が可能。そこそこリッチな暮らしができると思われます。

だけど僕は、FIREしようとは1ミリたりとも思っていません。仮面浪人の1年間を経て、**暇=幸せではない**と気づいたからです。

また、過度な節約をしたくないのもFIREを検討していない理由。お金の使い道を考えることは大切ですが、使えるお金の上限を考えながら生活するのが嫌なので、生涯稼ぎ続けたいと考えています。

そして、最大の理由は、「**稼ぐこと**」**自体が楽しい**からです。

長い間、お金を増やすことに夢中になってきました。自分のアイデアや努力の結果が目に見えるかたちで現れる。周りから評価されることも、モチベーションにつながります。

お金を増やす過程は、まるでゲームのようなものです。弱い武器しか持っていない状態から、コツコツと敵を倒していく。そして、貯めたお金でより強い装備を手に入れられれば、もっと大きな敵と戦えるようになる。この繰り返しが、資産を増やしていく感覚とよく似ています。

一番の理想は、趣味が仕事になること。**投資は僕にとってゲームのように楽しめるもの**なので、もはや趣味の一つといっても過言ではありません。投資で稼げている現状は、僕にとって理想的。もし今後何か仕事をするとしても、自分が心から楽しめる得意分野を選びたいと考えています。

すべての判断基準は「お金」

僕は、すべての物事に「値段」をつけて考えています。

目の前に選択肢があったら、それぞれの期待値を換算し、どの道を行くのがもっとも高いリターンを受け取れるか考えるのです。この計算をするのが、僕の習慣になっています。

今、僕は大学の医学部医学科に在籍しています。実は、ほかの大学で仮面浪人をして医学部に入り直しました。

「病気の人を治したい、そのためにどうしても医学を学びたい」……と、崇高な想いがあって医学部を目指したわけではありません。

僕が医者になろうと思った理由は、**「医師免許の価値は約7億円」**という話を聞いたから。将来的に7億円が手に入るのならば、仮面浪人する時間や追加の学費を費やしても得だと考えたのです。

また、「年収3000万円を得たい」と思ったとき、医者として稼ぐのと一般企業で働いて稼ぐのではどっちが近道か？　とも考えました。僕にとっては医者になるほうが簡単だと思ったので、医学部に入ったのです。

僕のように、資格や職業に値段をつけて考える人はほとんどいないと思います。人には向き不向きがありますし、「そんな動機で医者を目指してもうまくいかないんじゃないか」と思う人もいると思います。

でも、意外と人間は慣れるもの。僕の場合、医者を目指す動機がお金なので、その**軸がブレなければ向き不向きは関係ない**と思っています。

金額という概念のないところにも値段をつける。この習慣ができていると、何かを選ばなくてはいけない状態になったときの判断材料になるので便利です。

値段をつけて考える習慣は、高校時代にはすでにありました。

高校生ながら、当時の僕は500万円の資産を持っていました。一方、周りにいる同級生たちのほとんどは、親から毎月、数千円程度の決まったお小遣いをもらっています。すべてに値づけをしてお金で物事を判断する僕のような人間は、「自分のほうがお金を持っている」と調子に乗ってしまいそうなものです。


でも僕は、むしろ劣等感を抱いていました。

その理由は、僕より同級生たちのほうが「将来的にお金をたくさん稼ぐ可能性が高い」と思っていたから。僕は成績が悪く、テストの順位は最下位レベル。周りはみんな僕よりも勉強ができたし、進学校なので、いずれ大企業に入ったり起業したりする人が多いと想定できます。

「みんなは将来的に年収何千万円も稼ぐんだろうなぁ」と思うと、僕が持っている資産500万円の価値はかなり低い。成績の悪かった僕は、将来どのくらい稼げるか見通しが立たず、劣等感があったのです。

「お金」至上主義

僕は常に、「お金を稼ぐ」ことを優先順位の第1位に置いています。とはいえ、常に株の値動きを見続けている……みたいな感じではありません。

では何をしているのかというと、〝お金のことを考えて〟います。

どうやったら稼げるのか？　こうしたらもっと稼げるんじゃ？

……と、常に考え続けているのです。

株や投資のことだけでなく、「あそこでアイスクリーム店を開いたら、かなり儲かるんじゃ？」など、誰もが妄想するようなことも考えます。

また、お金を稼ぐ方法を探すためにＳＮＳやインターネットも活用します。すると、まだ試したことのない投資方法がけっこう出てくるのです。毎日考えているとアイデアも枯渇するのではないかと思われるかもしれませんが、**お金を稼ぐ方法は実は無限にある**のです。

「常にお金のことを考えていて、疲れない？」と言われることがあります。でも僕にとって、**お金を稼ぐ方法を考える＝ゲームの攻略方法を考える**のと同じようなもの。お金のことを考えるのが、シンプルに楽しいのです。

「お金が一番」と決まっている状態は、正直ラクです。

なぜなら、迷わないから。何を一番にするか決まっていないと、たとえば「自分はなんのために働いているのか」「やりがいと給料のどちらを重要視するか」などと、判断のたびに葛藤してしまいます。

パッと決めたほうが時間の無駄がなくていいですよね。僕の場合は「**お金が一番」という軸があるから、判断がラク**なのです。

第2章

失敗から資産3億円に至った僕の逆転法

「お金持ちは生まれつき？　いいえ、違います」

僕は小学生の頃から投資に触れ、18歳で億万長者になりました。でも、その過程は決して順調ではありませんでした。最初は感覚だけで投資し、大損を繰り返しました。無謀な勝負と計算された勝負の違いを学び、戦い方を変えたことで、大きく資産を増やすことができたのです。

本章では、僕の20年間を振り返りながら、リスクを取ることの重要性と、成功するために必要な「挑戦の姿勢」についてお話しします。

12歳、初めての株式投資

2004年、僕は大阪で生まれました。

子どもの頃の僕は、ギャンブルが好きでした。ゲームセンターのメダルゲームをはじめ、スマホのカジノ系ゲームなど、ギャンブル要素のある遊びに没頭していた記憶があります。

特にハマっていたのが、コロプラから出ていた「東京カジノプロジェクト」というゲームアプリ。リゾート地が舞台のカジノリゾートシミュレーションゲームで、ポーカーやスロット、ルーレットなど、さまざまなゲームを楽しむことができます。

僕がこのゲームで魅力に感じていたのは、**〝数字が増えていく〟**こと。ランキング上位を目指すことより、ゲームに勝ってどんどん賞金が増えていく、その現象そのものに楽しさを感じていました。

ずっとゲームの中でお金を増やす遊びをしていましたが、それを現実世界でトライしたのが12歳のときです。

「株投資をやってみたい」と言って、母に100万円を借りたのです。僕の人生のターニングポイントといえる出来事です。

投資とは、将来的な利益を期待して資金を投入する行為で、株というのは企業が資金調達のために発行する有価証券のことです。

投資家は企業の株式を購入することで所有者の一部になります。企業の成長に伴い、配当や株価上昇による利益を得られる可能性が高まります。高リターンが期待できる分、市場の変動により、株価が下落し元本割れするリスクや、企業の業績悪化や倒産リスクも存在するものです。

12歳の子どもにポンと100万円を貸してくれるなんて、なかなかありえないことだと思います。今思い返すと、母は凄まじい胆力の持ち主だったと感じます。当時は中学受験に向けて勉強をしていた時期だったので、母としては「受験勉強を頑張るなら、好きなことやっていいよ」と思っていたようです。

そもそも、僕が**株に興味を持ったのは母の影響**です。イオンの株を買って株主優待制度を活用する程度なので、トレーダーという感じではありません。でも、子ども時代の僕が株に興味を持つには十分でした。

借りる金額を100万円にした理由は、これだけあればほとんどの株を買えたからです。30万円程度だとやりにくいのですが、100万円あれば不自由なく投資ができると思い、この金額でお願いしました。

100万円を手に入れた僕は、この上なくワクワクしていました。あのときのワクワクを何かにたとえるならば、ずっと欲しかったゲームを手に入れて、初めてスイッチを入れる瞬間。あの感情の高ぶりは、今でも思い出すことができます。

このとき僕がやったのは、母のように堅実な株を購入する……こととは正反対。値動きの激しい株をたくさん買うような、まさしくギャンブルのような取引でした。

結果、100万円はすぐに水の泡。投資をして、ネットで調べて少しずつ知識をつけて、「株って楽しい！」と思い始めたところで元本がなくなってしまいました。僕の初めての株取引は、失敗に終わりました。

次に株式投資をしたのは、中学2〜3年生の頃。また母に100万円借り、僕はあらためて株の楽しさにのめり込んでいきます。

当時は、自分なりに攻略法を考えながら取引をしていました。値動きが激しい株を見つけ、特徴を掴んでうまく波に乗ろうとしていましたが、今考えると甘いやり方だったと思います。

そもそも、**値動きの激しい銘柄には、裏を返せば、市場を牛耳って動かしている人がいる**のです。そこに突っ込んでいくことは、その人たちのエサになるのと同じこと。今思えば、かなり負けやすい手法をとっていたなと思います。

それでも、この100万円を元手に細々と株式投資を続けた結果、運よく500万円まで増やすことに成功します。

成功のきっかけは、ストップ高・ストップ安になった銘柄を**夜間取引**で売買し始めたことです。

株には、「値幅制限」という決まりがあります。これは、株価の異常な暴騰・暴落を防ぐため、一日に変動できる株価の上下幅が制限される仕組みです。値幅制限の上限まで株価が上昇することをストップ高、逆に下限まで下落することをストップ安といいます。

上限まで上がった株価は、その日はそれ以上まで上がることはありません。ただ、翌日はまた値幅が変わります。すると、翌日の株価が前日の終値より高値でスタートする現象が起きることがあるのです。この現象を、「ギャップアップ」と呼びます。

ここでポイントになるのが、夜間取引（証券取引所の取引時間外に行う株取引）。夜間取引は、翌日の値幅制限で取引が行われます。ここで、翌日の株価がいくらで寄りつくかを予想するのです。

たとえば、150円でストップ高になった株が、翌日160円で始まるのか、180円で始まるのか？「明日は180円以上で始まる」と確信できたら、180円未満で大量に株を購入すればいいのです。すると、翌日の価格との差額で儲けることができる。こういった仕組みです。

この仕組みで利益を得ることに成功したときには、ゲームをクリアしたときのような達成感がありました。

このようにコツコツと、数年かけて500万円まで増やしていきましたが、失敗してまたゼロに。高3で再度母から100万円を借りて、仮想通貨で2000万円まで増やすことに成功しました。

信用取引にチャレンジし、18歳で資産1億円に

18歳のとき、大儲けをした僕は全財産の2000万円を突っ込んで、株の信用取引をしました。

信用取引とは、手持ちの資金より多額の株式売買ができる取引です。証券会社に担保として資金や株式を預けることで、この取引が実現します。

信用取引は、**最大で資産の3・3倍までかけることができます。**ですから、2000万円の資産を持っている場合、6600万円までポジションを取れる（未決済の契約を持つことができる）のです。

自分の資産以上の株式投資ができるため、信用取引は資金効率（調達した資金をどれだけ効率的に利用して利益を生み出せるかをはかる評価）が高いといえます。

一方で、額が大きい分、損失も大きくなりやすいなど、デメリットも多数あるのがこの方法。ハイリスク・ハイリターンの投資法といわれています。

このとき僕が信用取引を利用して投資したのは、「チームスピリット」というグロース株です。バックオフィス機能を提供する企業で、当時は堅調に売上を伸ばしていたものの、赤字で株価が低迷していました。

株価を見て、成長性に比べて株価が割安だと判断して買いました。当時は赤字だったのでPER（Price Earnings Ratio／株価収益率）は使えませんでしたが、今後黒字になるだろうと予想したのです。市場も一旦はそのように捉えて見直し買いが入ったものの、結局は会社が業績で期待に応えることができず、再度株価は低迷しています。

僕は＋60％（330円→500円）くらいまで上がったところで売却しました。その結果、4000万円以上儲けることができました。

でも今振り返ると、当時の分析はそこまで正しくなかったと思います。僕はうまく売ることができましたが、すぐに元の株価に戻っていたからです。かなりラッキーだったと思います。

今思い返すと怖いですが、当時の僕には「税金のためにお金を取っておこう」という気持ちがありませんでした。全財産を賭けた信用取引の結果、儲けが出たので税金を払うことができましたが、もし失敗していたらと思うとゾッとします。税金は破産免責の対象ではないため破産はできないのですが、実質的な破産状態になるところでした。

この信用取引やデイトレードなどを経て、僕は18歳で1億円の資産を持つことになりました。

その後、資産が半分に減ったり、盛り返したり……と紆余曲折あり、2024年9月の「MEGA　BIG」当せんにつながっていくのです。

ナンパも期待値のゲーム

高校生のとき、僕はナンパにハマっていました。少なくとも、2000人以上に声をかけたと思います。

僕にとって、**ナンパも期待値のゲーム**です。

たとえば、すごくかわいい子がいるとします。声をかければ、0・1%くらいは付き合える可能性があるかもしれない。その子とお付き合いできることに1000万円の価値があると仮定すると、声をかけるだけで1万円をもらっているようなもの。そう考えることができます。

「かわいい子と付き合える＝1000万円の価値」という換算に、裏づけはありません。ですからかなり雑な理論なのですが、僕の中では、ナンパに挑戦する明確な理由になりました。

期待値1000万円のゲームとしてナンパをしていたので、もちろん付き合うことがゴール。実際、一人と付き合うことができました。結果的に1カ月で別れてしまったので「1000万円勝った」とは言い切れないのですが、自信につながる出来事でした。

ちなみに、僕が人生でもっとも緊張したのは、初めてナンパをした瞬間かもしれません。数千万円動かすような瞬間より、女性に声をかけるときのほうが緊張しました。相手がいるコミュニケーションに対する挑戦は、僕にとっては投資よりも難しいものだったのです。投資をしていても、ナンパをするときほど感情を揺さぶられることはないので、これは味わったことのない感覚でした。

本筋から脱線しますが、僕の好みのタイプは年下の子。年下というだけでかわいいので、どんなワガママも許せる気がします。

緻密な計算で「MEGA BIG」に全財産ベット

2024年9月、僕は**「第1476回 MEGA BIG」で巨額当せん**することに成功しました。

「MEGA BIG」とは、指定されたサッカー12試合の合計得点数をコンピューターがランダムで選ぶ、予想いらずのスポーツくじ。くじは、1口300円から購入することができます。

「MEGA BIG」では、両チームの合計得点が「1点以下」「2点」「3点」「4点以上」のどれになるかを当てることになります。12試合全部当たれば1等、1試合外れると2等、2試合外れると3等……と、当てることのできた試合数に応じ当せん結果が変わります。ただ、自分で予想することはできないので、完全に運任せです。

通常の「MEGA　BIG」の場合、1等が当たる確率は1677万7216分の1（（1／4）の12乗）。狙って当てることはかなり難しい確率です。この確率だったら、僕も賭けに出てはいません。

ただ、僕が高額当せんした第1476回は、通常の「MEGA　BIG」とは状況が異なりました。

まず、台風の影響で4試合が中止に。「MEGA　BIG」では「中止になった試合の結果は、自動で当たり扱いになる」というルールがあります。本来は12試合すべて当てる必要がありますが、このときは8試合当てればOK。**4試合分が消えるので、通常に比べて256倍（（1／4）の4乗）当たりやすくなった**といえます。計算すると、1等が当たる確率は6万5536分の1。

さらに、このときは**キャリーオーバーが58億円以上にまで達していました。**

キャリーオーバーとは、これまでの「MEGA　BIG」で当せん者が出ず、繰り越されてきた配当金のこと。58億円は、過去2番目に高い金額です。

試合中止により当せん確率が上がり、さらにキャリーオーバーが膨らみ切っている。これは、高額当せんの大チャンスです。僕は、当時の全財産である7350万円をすべて「MEGA BIG」に突っ込む決断をしました。

ただ、当然リスクはあります。

7350万円で購入できるのは、24万5000口。24万5000口×6万5536分の1、つまり**確率的に3・7口は1等に当せんする**計算でした。でも、たった約2%（(6万5535／6万5536）の24万5000乗）ですが「全財産を失う」可能性もありました。

全財産がなくなり、無一文になる可能性が2%くらいある……このリスクをどう思うかは、人それぞれです。僕は全財産を突っ込む決断をしましたが、社長をしている同世代の知人は「社員の給料を払えなくなるリスクを拭い切れない」と購入を諦めていました。

全財産を失うリスクを考えたとき、たとえば「全財産の半分だけ買う」という選択肢もありました。そうすれば、全口外れても3675万円は手元に残ります。

でも、**当せん確率は〝買えば買うほど〟上がります。**僕にとって最悪のシナリオは1口も当たらないこと。でも1口も当たらない確率は、購入金額を増やすほど下げることができます。つまり、**全財産入れるのが最善の判断。**中途半端に賭けるのは危険です。

こう考えると、僕には、リスクを考慮して購入口数を減らす……という選択肢はありませんでした。

僕が全財産をぶち込んだのは、「MEGA BIG」購入締め切りの当日。

そこから結果が出るまでの2日間は、気が気ではありませんでした。何をしていても「MEGA BIG」が頭から離れないし、勉強も何も手につきません。そのため、結果が出るまでの時間は「暇潰し」だと思って過ごすようにしました。ゲームセンターに行ったり、YouTubeを見たり……全財産でくじを購入した瞬間より、その後の2日間のほうがメンタルの浮き沈みは大きかったです。

全財産を「MEGA　BIG」に突っ込むって、傍から見たら「すごいギャンブルやってるな」と思うかもしれません。たしかに運要素も強いのでギャンブルではありますが、僕には**「高い確率で勝てる」という裏づけがあったのでチャレンジができました。**

いちいち当せん確率を計算し期待値を出すことを、「難しい」「面倒」と思う人もいると思います。でも、突き詰めて考え抜くことで、どの選択がいい結果をもたらすかが見えてきます。ちなみに、計算はすべて電卓ではなくChatGPTに任せていました。

結果、僕は1等を8口分引き当てることに成功。1等以外の当たりも含め、約2億2100万円という高額な払い戻しを受けることになりました。

成功を呼ぶ「抜け穴思考」

これまで僕の20年間について語ってきましたが、振り返ってみると、僕は**ルールの穴をつくること自体に面白みを感じている**ようです。

「ルールの穴をつく」なんて、やっぱり造船太郎は怪しいヤツなんじゃないか……と思われたかもしれません。

もちろん、法律や規則は遵守すべきですし、明文化されていなくても、常識的にグレーなことや、誰かに迷惑がかかる行為は避けたほうがいいでしょう。しかし、**ひたすら真面目に、周りの人と同じことをしているだけでは、圧倒的に稼ぐことは難しい**のではないかと僕は思うのです。

ここでは、僕がどのように儲けるための抜け穴を見つけてきたのか、具体的なエピソードをご紹介します。

まずは、小学生の頃に人生で初めて挑戦したギャンブル、メダルゲームです。ある機械のボーナスゲームに、時間内に入れたメダルの2倍の量が払い出されるシステムのものがありました。とにかくメダルを増やしたかった僕は、ゲームを娯楽として楽しむ感覚ではなく、機械に素早くメダルを入れる技術を磨くために一人でひたすら練習しました。時間内に1枚ずつ急いで入れるのではなく、コインをあらかじめ機械に並べておき、スライドして入れるなど、**試行錯誤を繰り返す過程がとても楽しかった**ことを覚えています。

高校時代にはスマートフォンを3台持っていました。スマホゲームを攻略するために追加で2台買ったのです。そのときやっていたマイナーな対戦ゲームに「○連勝するとボーナスがもらえる」というキャンペーンがありました。僕は複数のアカウントをつくり、自分同士を戦わせて連勝を狙いました。自分以外の相手とマッチングする確率を下げるために朝4時に起きて、1台を勝たせるために、残りの2台で八百長のような策を取っていました。もはやゲームというより、作業をしている感覚です。

きっと僕は勝負が好きというより、**ズルをすることが好き**なのでしょう。ちなみに、スマホは、株で得た利益を使って自分で買いました。

仮想通貨にハマっていた時期には、取引所の不具合を見つけたこともあります。具体的な内容は割愛しますが、ルールに「禁止」と明記されていない操作の中に、思いがけない利益を生むものがあったのです。その不具合は、僕が見つけてから1カ月後には取引所も気づいたようで修正されていたのですが、この抜け穴を利用して、僕は100万円を2000万円まで増やし、最初の軍資金を築くことができました。

ただ、この「ズルをして勝つ」という視点は、決してすべてに生かせているわけではなく……。僕は勉強においても、できる限り効率のいい方法を見つけたいと思っているのですが、結局、ラクな道を見つけるのは難しいというのが現状の答えです。ただ授業を受けるよりは自分で問題を解いたほうが身になるのではないかな、とは思っているものの、うまいやり方が分かっていたらもっとスムーズに進学・進級できているでしょうし、勉強と投資は違うということを痛感しています。

これらのエピソードに共通する「**抜け穴思考**」は、投資をする際やお金を稼ぐときの「**もっと効率よく儲ける方法はないか？**」という視点に生きています。

みなさんも、ルールの中、またはルールに書いていないことの中に、自分の得になるようなものがないかを考えながら生活してみてはいかがでしょうか。日頃当たり前のように行っている行動を、もっと効率的にできないか想像するのもおすすめです。**常識を疑う姿勢が、お金を稼ぐためのリテラシー向上につながる**と思います。

失敗から学び、「空売りはしない」と決意

小学生の頃から長年投資を続けて、これまで何度も大きな失敗をしてきました。特に大きな失敗は、「ANYCOLOR」というVtuber事務所の株を空売りした結果、一撃で3000万円近く損失を出してしまったことです。

空売りとは、信用取引の一種。証券会社から株式を借りることで、手元に持っていない株式を売ることができるという手法です。借りた株式を売却し、株価が下落した際に買い戻すと差額を得られる……という仕組みになっています。

「にじさんじ」という有名なVtuber事務所を運営しているこの企業の決算時、

僕は「みんなの期待が高すぎる」と考えていました。

決算が出たら暴落するのではと思い、7000万円ほど空売りをしたところ、見事に読みを外してしまいました。結果、この一発で約3000万円の損失を出しました。

その企業にどのくらい伸びしろがあるかを正確に見極めるのはかなり難易度が高いですし、**「空売りをしてはいけない」**と思うようになりました。

空売りとは、主に「期待値がマイナスの投資」です。

基本的に、会社は利益を上げるもの。だから、株を買っている時点で利益の一部を享受できているわけです。しかし、空売りはその真逆を行く行為。空売りをする時点で、そもそも期待値がマイナスの投資を始めてしまっているのです。

通常はどれだけ株価が下がったとしても、自分が買った金額以上に損をすることはありません。でも空売りの場合は、損失の上限がありません。

たとえば100万円空売りした際に株価が4倍になると、300万円損するということになります。

また、空売りをしている人が多い銘柄を狙って株を買い上げ、株価を上げて損をさせるというやり方を選ぶ、性格の悪い投資家もいます。

空売りで利益を出している投資家もいるので、一概に「やらないほうがいい」とはいえません。でも、僕はもうやらないと思います。

時間とは、命そのもの

僕の日々は、〝お金〟を中心にまわっています。

投資をするにあたり、もっとも大事なのは朝と昼の時間です。なぜなら、国内株式の取引時間が9時〜11時半（午前）、12時半〜15時半（午後）だから。中でも、値動きが特に激しい9時〜9時半が一番重要です。

僕の場合「取引をするか」を前日に決めるため、予定に応じて、**必ず9時までに起床します。**朝まで飲んでいることもあるので、その場合は寝ずに9時を待つことも。大事な取引がある場合は、飲み会を入れずに早めに寝て、必ず早起きします。

もし「絶対に値動きを見張っていたい」と思う時間に予定が入りそうになったら、予定のほうをずらします。最近はよく旅行に出かけていますが、もし飛行機の時間とかぶったら、飛行機の時間を変えると思います。

お金に関すること以外で、最近ハマっているものがあります。それは、ポーカー。近所にアミューズメントカジノ店があり、よく遊びに行っています。

ポーカーのどこに面白みを感じているかというと、「株に似ている」ところ。株もポーカーも、だいたい運が80％・自分の実力が20％。この20％のパーセンテージをいかに高めていくかが、勝てるかどうかのポイントになります。また、**自分の選択が勝敗の結果に直結する**ところも株と似ています。長くやっていると勝ち方が分かり、どんどん勝てるようになっていくのが面白いのです。

ただ、ポーカーをするときも片手はスマホで株のことを調べたりしています。**遊んでいても、優先順位の一番がお金であることは変わりません。**

一見無駄に思える時間で得られることもある

人間の寿命には、限りがあります。いつ終わりが来るか分からないので、残された時間がどのくらいあるかも分かりません。だから、僕は「**時間は命そのもの**」だと思っています。**時間を無駄にするのは、命を無駄にするのと同じです。**

では、どんな時間が無駄なのでしょうか。

僕は、その答えは人それぞれだと思います。自分で「無駄だったな」と思ったら、それは非生産的な時間だといえるのではないでしょうか。

たとえば、僕はSNSで人の写真や投稿を見るのがあまり好きではありません。おすすめに出てきた投稿をなんとなく見るようなことはなく、自分の投稿をしたり、調べ物をしたりするときくらいしか使いません。自分の発信に反応があるのはすごく楽しいのですが、そもそも人にあまり興味がないのだと思います。

逆に、**自分なりに意義があれば、一般的に時間の無駄だとされていることをしてもいい**と思います。

ボーッと過ごしてしまうのを嫌がる人もいますが、僕にとっては必要な時間。心の安定につながるし、ボーッとしながら考え事をすることで、何か新しい発見があるかもしれません。

また、僕は4～5時間ダラダラとYouTubeを見ていることがよくあります。でも、この時間を無駄だとは捉えていません。金融系のチャンネルを見ていることが多いので、ダラダラしつつも知識が深まるし、お金に関する新しい視点を得ることができるからです。好きなYouTuberがいるわけではなく、情報を得るために見ているという感覚です。

時間をお金に換算する

とはいえ、僕は自分のことを「時間の使い方がうまい」とは思っていません。わりとルーズな性格なので、寝坊して授業に遅刻することもあるし、「早くお風呂に入らなきゃ」と思いながら2～3時間動けないこともあるし……。

そんな自堕落な生活がたたり、実は大学を留年してしまいました。留年により失った学費は800万円。かなり痛い損失です。

基本的に**〝お金がかかっていたら〟僕は時間を守ります。**たとえば「1分でも時間を過ぎたら100万円の損失が出る」みたいなことがあったら、その対応を何よりも優先します。それでも、大学はしんどすぎて進級できませんでした。

お金を失うことが、僕にとって何よりも許せないこと。大学の授業には出られないこともあるし、人との待ち合わせに遅れてしまうこともあるけれど、お金がかかっているときには極力時間を守るようにしています。

ついダラダラしてしまう人は、怠けている時間に失っている金銭的な価値を考えてみてはいかがでしょうか。

投資に限らず、ダラダラしているうちに損失が出てしまうことって、数多くあると思います。

たとえば、会社勤めをしている人だと、交通費の精算を面倒がって申請しない……みたいなことはありませんか？　月で考えると数千円かもしれないけれど、年間で考えたらけっこう大きな額になったりするものです。

大学を留年したただらしない僕が言っても説得力がないかもしれませんが、**「時間をお金に換算する」**ことは、生活を改善するためのけっこういい手段かもしれません。

僕も、今、時間の使い方を勉強しているところ。

「今、無駄な時間を過ごしているな」と思いながら、適切に対処できないことも多いので、これから改善していきたいと考えています。

最近よくやっているのは、外に出ることです。何かやるべきことがあるときは、家ではなくカフェやワーキングスペースに移動して作業することが増えました。気分転換になるし、お金がかかっている分、「来たからにはやらなきゃ」とモチベーションを上げることができます。

第3章

一攫千金をものにする
思考法とメンタル

スポーツくじに全財産を賭けるなんて、正気の沙汰じゃない！　そう思うのは当然です。でも、僕が「MEGA　BIG」に挑んだのは、ただの無謀なギャンブルではなく、期待値とリスクを冷静に計算した上での決断でした。投資もビジネスも勝負の世界。大きく勝つためには、「この勝負に出るべきか？」を正しく判断しなければなりません。

本章では、運をハックして稼ぎ続けるロジカルな思考法と、行動に移すメンタルのつくり方を解説します。

大勝負でチャンスを掴む人の習慣

全財産を「MEGA　BIG」に投じるという賭けに勝ち、僕は高額の払い戻し金を手に入れました。いわば、**リスクを顧みずチャレンジしたことで、チャンスを掴むことができた**わけです。

でも、チャンスの隣にはいつだって地獄があります。一歩道を踏み外したら、地獄行き。僕は運よく1等を当てることができましたが、全財産を失う可能性と隣り合わせでした。

地獄行きを避けるために必要なのは、シンプルですが、**ちゃんと考える**こと。

僕は、実は決断するまでに何時間も考え込んでしまうタイプです。期限がないといつまでも考えてしまうので、自分で「今日中に決める」などと期限を決めることもあります。

考えるときは、ただ頭を働かすだけではありません。表をつくって整理したり、期待値を計算したり……答えを出すために必要だと思うことを、なんでもやります。

また、人に相談することもあります。僕の場合、最善の選択にたどりつくためのポイントは、**お金のことは〝自分よりもお金を持っている〟人に相談する**こと。僕よりお金を持っていない人に相談しても、間違った答えしか返ってこないと思うからです。

「MEGA　BIG」に賭けたときは、自分と近い年齢で成功されている社長さんに相談しました。電話でお話しさせてもらい、二人でうんうん唸りながら2時間以上かけて試行錯誤。その結果、僕は「買う」という決断に至ることができました。

チャンスは、常に地獄と隣り合わせ。

失敗の可能性を少しでも減らし、いかにチャンスを掴む確率を上げるか。よく考えて、**自分以上に成功している人に相談することが大事**だと僕は思います。

期待値とリスクのバランス

これまで何気なく「期待値」という用語を使ってきましたが、ここであらためて、僕の考える「期待値」について説明したいと思います。

期待値とは、確率的な現象において、ある事柄が起こることが期待される平均的な数値を指します。起こり得るすべての結果をその確率を踏まえ計算するもので、具体的には、各結果の値と、それが発生する確率を掛け合わせて、すべての答えを合計することで求めることができます。

たとえば、6面サイコロを1回振ったときの出目の期待値は、(1+2+3+4+5+6)/6=21/6=3・5と求められます。

この計算をすることで、何回かサイコロを振ったときに平均して得られる目の値が3・5になるということが分かります。

投資においては、たとえばある銘柄が50％の確率で20％の利益を出し、50％の確率で5％の損失を出す場合を求めてみましょう。期待値は0・5×0・2＋0・5×（−0・05）＝0・075、つまり7・5％の利益となります。

得られる利益とその確率の積が、被る損失とその確率の積を超える場合は「期待値がプラスである」といえます。

僕は、日頃から期待値を意識して生活しています。

前述していますが、たとえばナンパのとき。「付き合ったら1000万円の価値がある女性」に声をかければ、0・1％くらいは付き合える可能性があると思います。つまり、声をかけるだけで1万円の価値がある……と考えていました。1回声をかければ1万円もらっているのと同じなので、**ナンパすればするほど実質的にお金をもらっているのと同じである。**こういう理論です。

もちろん、株も期待値を考えて見ています。

たとえば、1500円の株があったとき。上下500円の値幅を定めて考えると、この株は2000円に行くか1000円に行くか分かりません。どっちに行く可能性が高いかと考えたとき「2000円に行く可能性のほうが高い」と思えたら、すなわち期待値的に旨みがある可能性が高いということです。

常に正確に計算して期待値を算出しているわけではありません。でも**「なんとなくこっちかな……」と根拠なく選ぶより、「どっちの期待値が高いだろう」と考えてから選んだほうが、勝率は高くなる**と思っています。

何事も期待値で考えるという話をしましたが、リスクについてもちゃんと考えています。**重要なのは、リスクと期待値のバランス**です。

たとえば、「1%の確率で資産が1000倍になるけれど、99%の確率で資産がゼロになる」という話があった場合。期待値はめちゃくちゃ高いですが、それ以上にリスクが大きいですよね。これは極端な例ですが、どんなに期待値が高かったとしても、こういう話には乗りません。**大事なのは、自分が許容できるリスクと期待値のバランスを見極めることです。**

自分が直面しそうなリスクは、項目を分けることで見つけやすくなります。たとえば投資であれば、株価や金利、為替の変動があるか、信用リスクが高くないか、流動性が低くないか、などです。

起こり得るリスクとその発生確率や影響度を分析し、リスクを回避するか、減らすか、別のところに移すか、それとも受け入れるかなど、自分に合った適切な対応策を検討します。

「MEGA　BIG」の場合、僕は約2％のリスクに目をつぶって賭けに出ました。ただ、仮に勝率がもっと低く、10％～20％しかないような場合は、おそらく賭けには出ていません。50～60％くらいだと、だいぶ迷っていたと思います。

とはいえ、2％程度だったとしても「全財産がなくなるかもしれない」のはリスクです。**少しでも投入する資金を増やし、試行回数を多く積んでリスクを下げる必要がありました。**

スポーツくじに全財産をつぎ込んだあの日、僕はとても気に入っていた、いつもつけていた時計を売りに出しました。そして、そのお金も「MEGA　BIG」の資金にあてたのです。

高く買い取ってくれる人を探していたのですが、締め切り当日まで見つからなかったので、希望より安い値段で買い取り業者に売ることになりました。

そこまでして「MEGA　BIG」に賭けるのだから、もう迷わず頑張ろう。

……スポーツくじなので買ってしまえばもう頑張れることなどなく、祈るしかないのですが、「売ったからには……」の思いがありました。

〝挑戦しないこと〟はプラマイゼロではありません。挑戦したら得られるかもしれない利益を手放す〝機会損失〟といえます。

無茶苦茶に挑戦しまくるのはリスクが高いですが、期待値とのバランスを見極め、「ここぞ」というときに決断するのも必要。

みなさんも、普段から、期待値とリスクのバランスを考えてみるといいかもしれません。

企業価値を見極める2つの指標

投資をするにあたり、投資先の企業価値をどう捉えるかについては、さまざまな考え方があります。少し専門的な話になりますが、僕の「思考」を語る上で外せない観点なので、少しだけ語らせてください。

僕は、**ファンダメンタル投資**という手法で投資をしています。ファンダメンタル投資は、長期間かけて行う投資に向いている手法。自分で対象となる会社の企業価値を算出し、それよりも株価が高いか安いかで投資判断を行います。

「企業価値が200円」だと思われる株が150円だった場合は買い、それが220

円まで値上がりしたら売る。このような考え方なので、購入時の値段が高いほど旨みが減っていくといえます。

僕は企業価値を算出するとき、PER（Price Earnings Ratio／株価収益率）が最重要指標だと考えています。これは、会社が生み出す年間利益（当期純利益）に対し、時価総額が何倍あるかを示す指標です。**現在の株価が、その企業が今後生み出すであろう利益と比べて割高か・割安かを判断する**ために使われます。

この指標が〝同業他社と比べて高いか安いか〟を重点的に見ることで、企業価値を捉えることができます。投資家のうち、30〜40％はPERを最重要視しているのではないでしょうか。

では、とにかくPERが安い会社を買えばいいのかというと、そういうわけではありません。**今の利益額に対して将来の利益額がどう変化するのか**というのがもっとも重要です。

特に、現在の利益額というのは公開情報なので、ほとんど株価に織り込まれていいます。今後市場の想定よりも利益成長するということが分かれば、同じＰＥＲでも利益額の増加に応じて時価総額の増加が見込めますし、さらに成長企業として注目が集まればＰＥＲの上昇にも期待できます。

このように、**利益額の成長とＰＥＲの成長をダブルで取るというのが成長株投資の考え方**です。

ほかには、**ＰＢＲ**（Price Book-value Ratio／株価純資産倍率）という指標があります。これは、資産に対する時価総額の倍率のことで、これを重視して投資を行っている人もいます。

たとえば、昔はものすごく調子がよかったけれど、今は収支トントンを維持するのがやっと、という会社があったとします。ＰＥＲを重視する人はこの企業の株を買わないけれど、ＰＢＲを重視する人は「資産３００億円に対して時価総額１５０億円は安いから買おう」という判断になるのです。

ＰＢＲを重視している人の多くは、今後ＰＢＲ上昇につながる要素があるかも踏まえて判断しています。

時価総額150億円の企業が300億円に追いつく場合は、何かしらきっかけがあるはず。だから、決算資料や社長の発言から、株価上昇（ＰＢＲ上昇）のきっかけとなりそうな要素があるかを見て判断しなければなりません。

「自社株買いをやる」「配当を出す」など、何かが起こりそうな企業を予想して投資をするのです。

考え方は理解できますが、ＰＢＲを重視するのはけっこう忍耐のいる投資法だと思います。

ＰＥＲは「今、好調な企業」を見るので、ＰＢＲに比べて早めに利益を出すことができます。

資産300億円・時価総額150億円の企業があった場合、かなり割安に見えますが、そこには〝そうなっている理由〟があるわけです。赤字だったり、事業内容に将来性がなかったりすることが多いです。

時価総額が300億円まで上がるのにどれだけかかるか分からないし、むしろ100億円まで減ってしまう可能性だってあります。

この見極めが難しいので、僕はPERを重視しています。

投資はやりすぎ注意⁉

投資にのめり込みすぎると、日常生活に支障が出ます。僕も、のめり込んだ結果、大学を留年してしまいました。

僕は、株をやっていないと落ちつきません。

「やらないと損する」と思う気持ちもありますが、ただただ株をやるのが楽しい。ゲームを攻略するような感覚で、僕は株をやっているのが本当に楽しいのです。株を始めて8~9年経ちますが、一度も飽きたことがありません。

こういう状況のときに気をつける必要があるのは、ギャンブル依存症のような状態にならないようにすること。なぜなら、依存状態になると、脳がドーパミンを求め、待つべき場面でお金を動かしてしまって勝てなくなるからです。

投資において、**〝待つ〟ことはとても重要。**投資家の中には、「待つのが仕事」と言う人もいます。**チャンスが来るまでじっと待つことが大事**なのです。

僕は、ギャンブル依存症の気質を持っている自覚があります。そんな僕がやっている対処法は、自分を冷静にさせるために**「あくまで遊びとして、ギャンブル的な感覚の場をつくる」**こと。

たとえば、パチンコ。法律上は遊技ですが、僕にとってはちょっとした勝負感を楽しめるギャンブルという位置づけです。いくら勝っても負けても僕の総資産には大きな影響がありません。どんなに負けても一日の負け額は10万円が関の山。投資とは規模が違うので、ギャンブル欲はここで逃がし、投資に差し支えがないように気をつけています。

「決断」のためのメンタルマネジメント

投資で利益を出すためには、タイミングを見極める決断力が必要です。

僕自身、決断力には自信がある……とは言い切れません。ほかの人に比べて優れているということはなく、人並みだと思います。

ただ、「**悩んでも結局答えは変わらない**」とは思っています。**悩むということは、その対象に優劣がないということ。**悩んだときは、「どちらでもない」または「どちらでもいい」が答えだと考えています。

これは、メンタリストＤａｉＧｏさんのＹｏｕＴｕｂｅ動画を見て学んだ考え方。

この考え方が腑に落ちたので、何か悩んだときは「優劣がないからどっちでも同じだ」と思うようにしています。

とはいえ、性格的には時間があればあるほど考えてしまうタイプ。そのため、株に関しては、考えられる時間が短い短期投資のほうが得意です。

短期投資は結果が出るのが早く試行回数を重ねやすいので、すぐに手法を改善し、正しい方法にたどりつくことができるという利点があります。

短期投資で勝てる手法は賞味期限が短く、すぐに使えなくなるといわれています。それは、みんながその手法に気づいてしまうと優位性がなくなるためです。

僕は周りが気づかないような手法を見つけることが得意なので、短期投資のほうが向いていると感じています。

一方、長期投資が向いている人もいます。「長期」の感覚は人それぞれですが、一般的には10年単位で待つことで大きな効果が得られるといわれています。短期的にはランダムに株価が動いていても、長期的には右肩上がりで株価が上昇していき、安定したリターンを得られることが多いです。複利（利子に対して利子がつく）効果も長期であればあるほど大きくなるので、気長な心構えが大切です。

投資方法に性格上の合う・合わないがあるように、どんな物事にも、それぞれのスタイルによって適した攻略法があるはずです。一般的にいいとされているから、など**常識にとらわれて、それに合わせて自分を変えようとするのではなく、自分の得意な領域を見つけることに注力するのも効率的な手**だと思います。

お金の前で緊張は無意味

「MEGA　BIG」に全財産を突っ込むと決めたとき、僕は戦争に行く兵士のような気分でいました。もちろん戦争に行ったことがないので実際の心情は理解できませんが、覚悟を決めるというか……「もうやるしかない、勝負だ」という感情。これから起きる勝利を想像してワクワクすることもないし、失敗を恐れて怖いとも思わない。とにかく、**「やるしかない」と覚悟を決める感覚**でした。

あのときの感情は、緊張ともちょっと違います。緊張度合いでいえば、かわいい女の子としゃべるときのほうがずっとドキドキします。やっぱり「うまくいかなかったらどうしよう」「変なこと言っちゃったらどうしよう」……と失敗を想像してしまうので、それが緊張につながるのです。

対人関係の場合はしぐさや表情など、緊張が相手に伝わってしまう要素が端々にあり、それがマイナスに働きがちです。

しかし、お金を動かすときは、どんなに緊張しても結果を決める要素は買うか・買わないかの2択だけなので、直接的なマイナスにつながりません。緊張度合いにより勝ち負けが決まることはないと思えば、緊張が緩和されるのではと思います。

メンタルを鍛える方法とジンクス

投資は大きなお金を動かすので、強いメンタルが必要です。

ただ、僕は元々、そんなにメンタルが強いほうではありません。けっこう感情が態度に出てしまうタイプですし、何か感情を揺さぶられることがあると殻に閉じこもってしまいます。

そんな自分を改善するべく、最近始めたことがあります。それは、ホスト。

2024年11月から、僕は歌舞伎町のホストクラブでアルバイトを始めました。女性と話すと緊張してしまう僕にとって、ホストは精神的に少し負担がかかる職業。自分にとって「ちょっとしんどいな」と思うことに挑戦して、メンタルを鍛えようとしているところです。

メンタルを鍛える一方、「運を上げる」ためにやっていることは特にありません。たとえば毎日トイレ掃除をするとか、毎日最寄りの神社に行くとか……人それぞれ運気を上げるための方法があると思います。また、勝負事の前にはシャワーを浴びて身を清める、決まった食事をする……など、ギャンブルをやる人には各々のジンクスがあることも多いです。でも、僕は理系人間。見えないものは信じません。**信じているのは、科学と数学だけ。**

強いていえば、**大事な取引の前日は早めに寝て十分な睡眠を取る。**そのくらいです。睡眠不足で頭の働きが鈍くなって負けてしまうと悔しいので、100%のパフォーマンスを出せるようによく寝ています。

ジンクスでもなんでもありませんが、大事な取引の前には最低でも7時間は寝られるように調整しています。

結果を正しく分析するマインド

「MEGA BIG」に全財産を突っ込むと決めたとき、僕は「もしこれで失敗して破産しても、まったく後悔しない」と思っていました。

というのも、これは**十分な期待値が見込める挑戦であって、「期待値を優先する」という選択自体は間違っていない**から。もし失敗したとしても、それは僕が間違っていたからではなく、ただ運が悪かったからです。

僕が後悔するのは、「正しい選択ができなかった」とき。だから、**失敗したときのリスクがどんなに大きいとしても、選択に迷いがなければ挑戦します。**

ただ、後悔はしませんが、株などで負けて損失を出すと、ちゃんと落ち込みます。場合によっては「今後どうやって生きていこう……」とダークモードに入ってしまうことも。

そういうときは、**哲学の力を借ります。**哲学について語っているＹｏｕＴｕｂｅチャンネルを見て、人生について考えていると、いつの間にか時間が経って回復できるのです。

哲学のチャンネルを見ていて、一つ好きだなと思った考え方があります。

それは、「**学問を修めるだけで人生が豊かになるわけではない**」という考え方です。もし学ぶだけでそれが現実ですべて生きるなら、経済学者はみんな大金持ちになっているはず。でも実際のところ、経済学者の中には苦しい生活をしている人もいます。

つまり、勉強することと、それが実際にできるかは別問題。学んだり考えたりすることは大切だけど、それだけで成功が約束されるわけではないのです。**頭で考えるよりも、行動することのほうが何十倍も大切**なのだと思います。

落ち込んでいると「どうしよう」と悶々と悩んでしまいますが、結局のところ、**どんなに悩んでも何も変わりません。**また、落ち込んだとしても、自分の選択に自信を持てれば、後悔はしません。

「取り戻そう」思考にとらわれない

投資において、**もっともよくない考え方は「取り戻そう」思考。**

投資に限らずギャンブル全般で同じことがいえるのですが、失敗したとき「取り戻そう」と考えてしまうと、必ず破産に向かいます。僕の周りには、取り戻そうとした結果、実際に資産ゼロになってしまった人もいます。

どんなときも、**負けたときに大事なのは、取り戻すことではなく「気にしない」という気持ち。**同じ失敗を繰り返さないよう反省することは必要ですが、僕は**意識して感情を封じ込め、落ち込みすぎないようにしています。**

なぜなら、**今は負けていたとしても、結果的に取り戻せればOK**だから。

たとえば、1000万円の資産を1000万円に増やした後に500万円の損失を出してしまったとします。このときは「500万円も損してしまった」と落ち込むかもしれませんが、よく考えてみれば、1000万円のときに比べれば資産が400万円増えていることになります。

自分の過去と冷静に見比べてみると、まったく問題ない範囲です。**再起不能なレベルではないと切り替えて、次に向かうほうが結果的に勝てるはず**です。

僕の場合、投資で動かす金額が大きいので、損失の金額も大きくなります。1回の失敗で3000万円の損失が出る……なんてこともザラ。

3000万円失った、と考えるとナーバスになってしまいますが、こういうときは「資産の10％を失っただけ」と考えます。

資産1000万円の人で換算したら、10万円失ったのと同じ。そう考えると、途端になんとかなりそうな気がしてきませんか？

金額のインパクトは大きいですが、**冷静に視点を変えれば、現実が見える**のです。

繰り返し言いますが、僕は大きな損失が出たとき、意識して**「感情に支配されない」**ようにしています。

これは投資に限らず、普段から心がけていて損のない考え方だと思います。

世の中には、感情論で物事を語る人がとても多いと僕は思います。パニックになると感情が先走り、事実をゆがめてしまう人もいますよね。

でも、どんなに感情的になっても、1＋1が3になることはありません。1＋1は、どんな条件下においても絶対に2。起きてしまったことは変わらないのだと知っていれば、感情に支配されることの無意味さが分かるのではないでしょうか。

第4章

ラクして稼ぎたい 僕たちはどう生きるか

副業、起業、投資、ギャンブル……お金を増やす方法は無限にあります。でも、「これさえやれば誰でも稼げる！」なんて都合のいい話はありません。大事なのは、自分に合った戦い方を見つけること。向いていない方法を無理に続けても、結果はついてこないのです。

本章では、効率的に資産を増やすための考え方や投資の魅力を紹介します。

仕事をしてお金を稼ぐことの難しさと面白さ

総資産3億円だと言うと、普通に働いて給料を得る行為を「バカらしいと思っているのでは」と受け取られることがあります。

実際は、逆です。

投資やスポーツくじで資産を増やした僕は、世間一般とは異なる価値観でお金を稼いできました。でも、だからこそ僕は「お金」を誰よりも重く捉えています。**労働をして給料をいただくのなら、その金額以上の貢献をしなければならない**と思うのです。

ホストの仕事に関しても、お給料をいただくからには「お店の売上に貢献したい」

と強く思っています。現時点ではまだ売上をたくさん立てられている状態ではなく、接客方法やお酒のことなどを勉強させてもらっている立場。

勉強しながら給料をいただいている状態なので、正直この構造には歪《いびつ》さを感じているくらいです。

僕が「お金」を重く捉えるようになったのは、たこ焼き店でのアルバイトがきっかけでした。

大学1年生のとき、ふと思い立って、たこ焼き店でアルバイトをしたことがあります。アルバイトしなくても生活できる程度の資産はありましたが、経験したほうがいいだろうと思い立ち、目の前にあった求人広告を見て電話。その場で合格し、翌日から働くことになりました。

しかし僕はたった2日間、合計5時間ほどで、たこ焼き店をやめてしまいました。

これまで知らなかった新しいことを学べたのは楽しかったのですが、僕がぶつかった壁は接客。お客さんとのコミュニケーションが難しく、しんどい気持ちが大きくなってしまったのです。

1万円稼ぐためには、10時間近くこんなにもしんどい思いをしなければならないのか……そんな想いが膨らんだ結果、2日間しか働くことができませんでした。

このとき、僕はお店にまったく貢献をしていません。仕事を教えてもらうタイミングでやめてしまったので、自分にスキルも残りませんでした。

この経験から、僕はお金を稼ぐことの本質的な難しさを考えるようになりました。

現在は、ホストクラブで働いています。この仕事を選んだ理由は、先述の通りメンタルを鍛えるため。たこ焼き店での反省から2年ほど経ち、現在はあらためて「働いて稼ぐ」ことに挑戦しているところです。

ホストをしていて感じるのは、**「自分のためにお金を使ってくれる人がいる」ことの嬉しさ**です。また、**仕事や接客術を教えてくれる先輩の優しさ**も感じています。ホストの仕事は歩合制なので、僕に指導する時間に給料は出ないし、僕が先輩にお金を払っているわけでもありません。僕が今後、先輩のお客さんを取ってしまう可能性も考えられます。それでも、先輩は僕のために時間を使って教えてくれているのです。この状況って、すごく優しいなと思います。

また、ホストには破天荒でチャラいイメージを持つ人も多いかもしれませんが、意外といい人が多いとも感じていて、僕は**人と関わることっていいな**と思えるようになりました。

ホストは稼げる職業だと思う人もいるかもしれませんが、自分でプラスの売上を出せるようになるまでは、時給で働くのと同じような給料です。僕はまだ自分のお客さんが少なく雑用がメインなので、あまり稼げていません。

でも、お客さんがついて売上を立てられるようになれば、稼げる天井はありません。

しばらくはホストクラブでの仕事を続けて、投資では得られない学びや経験をためていこうと思っています。

人生をコスパで考える

僕の人生において、もっとも大きな目的は「お金を稼ぐ」こと。しばらくは、お金のために生きていくつもりです。

第1章でお話ししたような理由から、僕は医学部に進学しました。卒業後は医者を目指すことになります。僕が今考えている進路は、美容外科医。

数あるジャンルの中で美容外科医を選ぶ理由は、一番儲かるからです。また、基本的には健康な方へ処置をすることになり、儲けに対する負担がほかの診療科に比べると少ない。つまり比較的ラクだからです。

……と言うと、将来をお金やラクさで考えるなんてよくないと批判されることがあります。でも僕は、**人生をコスパで考えることの何が悪いの？**と思うのです。
無理せずお金がもらえるほうを選ぶのは、人間にとって自然なこと。**「ラクをしよう」という考え方になるのは悪いことではなく、むしろいいことだ**と僕は思っています。やりがいを追い求めて努力するのも大事ですが、それでしんどい思いをしたり、苦しんだりしていては元も子もありません。**「ラクで、稼げる」。こういう指標で仕事を選ぶのも、一つの選択肢**だと僕は考えています。

美容外科医になれたら、僕は開業を目指します。
最初はどこかに勤めることになると思います。でも僕の性格上、雇われて働くことに多分向いていません。そのため、いち早く開業できるよう、勤める目的は「技術をつける」こと。**ステップアップは早ければ早いほどいい**と思っているので、なるべく若いうちに開業するつもりです。

大規模なクリニックを開業して成功し、稼いでいる先生方は、僕が「やりたい」と思っていることを先に実現していてすごいなと憧れています。

開業してからも、投資は続けると思います。僕にとっての優先順位の一番は、あくまでもお金。収入において投資の占めるウェイトが大きくなったら、僕は最小限の出勤日数に減らし、雇っているほかの先生にクリニックを任せ、投資に向き合うのではないでしょうか。

一方で、**投資に全振りすることはない**と思います。

そもそも、投資は暇な時間もけっこう多い仕事。期待値の高い魅力的な場面がないと何もできないですし、暇だからと投資に前のめりになりすぎるのもよくありません。無駄に取引することは、チャンスがないにもかかわらず幻のチャンスを掴みに行くようなものです。

現在週に1~2日ホストクラブで働いているのと同じように、今後も投資だけに全力投球はしないよう意識したいと考えています。

お金でお金を稼ぐ

何かやりたいことがある人は、それを実現するためにはどのくらいお金が必要なのか換算してみるといいと思います。

僕が今やりたいのが、上場企業を買うこと。そのためには最低でも20億円は必要なので、当面の目標は20億円です。

「美味しいお肉が食べたい」人と「宇宙に行きたい」人では、必要なお金が全然違いますよね。だから**漠然と「稼ぎたい！」と思うのではなく、具体的に「いくらくらい稼ぎたいのか」をイメージするのがいいです。**

働きながらコツコツ貯金して、資産を増やそうと考えている人もいると思います。でも、時間も体力も有限。労働の対価としてお金を稼ぐのには限界がありますよね。やりたいことがあって、そのためにはどのくらいお金が必要かも分かっている。でも今の生活を続けた先に、目標額を達成できる未来が見えない……そう思っている人には、**ぜひ今日から投資にチャレンジしていただきたいです。**

投資は、〝お金でお金を稼ぐ〟仕組み。労働の対価としてお金を稼ぐのとは、本質的な仕組みが異なります。

自分が利益を上げることと誰かの利益を考えることは、本来は相反するものですが、投資は自分一人で勝負できるし、企業にとってもプラスになります。

僕は、世界的な投資家であるウォーレン・バフェットさんを尊敬しています。バフェットさんの投資スタイルは、優良企業の株式を割安で買い、長期にわたり保有し続けるというもの。長期的に運用することで利益を出す投資が基本なので、短期が得意な僕とは投資スタイルが異なります。

バフェットさんの今までの成績が年利約20％なのですが、資産を年利20％で運用した場合、10年後には6倍になっていますし、20年後には38倍になるわけです。

このように、投資とはお金でお金を稼ぐもの。その先に、莫大なお金が待っているのです。

もちろん、投資で成功することは簡単ではありません。破産したら終わりなので、それだけはないように注意してほしいですが、うまく活用すれば大いにメリットがある方法だと僕は思っています。

まず100万円貯めよう

お金を増やすには投資がおすすめです。が、当たり前ですが元手となる資金がないと投資はできません。

僕は、投資をやりたいのならば、まず**「いつでも使える100万円を貯めるべき」**と考えています。100万円あれば、だいたいの株式を購入できます。期待値の高い株を見つけたときにすぐ行動できるよう、最低でも100万円は持っておきましょう。

貯金が少ない人にとって100万円は大きく見えるかもしれませんが、最低限のハードルだと思っていただきたいです。

僕は親から借りて投資を始めているので参考になりませんが、どんな仕事だったとしても、第1章でお話しした「お金の使い道」を意識して、時間をかけてコツコツ貯めれば、100万円は達成できるのではないでしょうか。

100万円の貯金ができたら、**投資という手段で、もっと速い速度で増やす**ことができます。

10万円を100万円にするのも、1000万円を1億円にするのも同じ10倍です。

理論上、増やす難易度はさほど変わりません。

そう考えると、10万円を100万円にするより、100万円を1000万円に、1000万円を1億円にするほうが「夢がある」と感じませんか？

ですので、まずは100万円。ここをボーダーラインにして、投資をスタートしてみましょう。その100万円が、1億円の土台になるかもしれません。

計画はしすぎないのが吉

投資をする際、**具体的すぎる目標は「よくない」**と聞きます。

たとえば「3年以内に1000万円貯めるぞ」と決めたとしても、本当に貯まるかどうか、保証はどこにもない。特に投資が絡んでくると、自分の努力だけではどうにもなりません。せっかく計画を立てたとしても、それを達成するためにできることは限られています。

僕も「20億円貯める」という指標はありますが、「いつまでに」は考えていません。日々お金を稼ぐことを考え続け、その先のどこかに20億円があるというイメージでいます。

人生は、計画的な人のほうがうまくいくというイメージがありますよね。いつまでに○○を達成したいから、そのためにはいつまでにこれをやって……と、目標のために逆算して行動できるからです。

だけど投資という分野に関しては、地道にセンスさえ磨いていけば、計画はいりません。**計画を立てるのが苦手で損をしている……という人にも、投資はおすすめ**です。投資で億を稼いだ僕も、無計画がたたって大学を留年していますから。

儲けたいなら、稼ぎ方のこだわりは捨てる

人によっては、お金を稼ぐ手法にこだわりを持っている方もいるのではないでしょうか。アフィリエイトはやらない、ギャンブルはやらない……など、人それぞれの美学があると思います。

そもそも、投資や不労所得に対して「危険」「働かずに稼いでいる」など悪いイメージを持っている人もいるかもしれません。

僕は、**お金を稼げるならば「犯罪以外はなんでもやろう」**と思っています。

「MEGA BIG」で当せんした直後には、noteで3000円の有料記事を販売して少しバッシングを受けました。でも僕が売ろうとしたのは価値ある情報だと思

うし、少しでも利益が入ったら儲けになるので、僕としては何も気にしていません。犯罪ではないし、周りにどう思われてもいいと思っています。

今後も、何か依頼があったり、稼げそう、やってみたいと思ったりしたことは、周りの目を気にせずに挑戦すると思います。

本当に稼ぎたいなら、稼ぎ方のこだわりは捨てること。

それぞれ美学はあるかもしれませんが、美学を貫けるのも資本があってこそ。**まずは稼いでから、自分のこだわりを見つけるのがいい**のではないでしょうか。

僕が投資にハマっている理由

投資の魅力は、普通に働いていては到達できない金額を稼げる可能性を秘めているところだと思います。

子どもの頃にメダルゲームをしていたときは、単純にメダルがどんどん増えていくことに楽しさを見いだしていました。その楽しさは投資でも変わっていませんが、子ども時代に感じていたのとは異なる魅力があります。

それは、**投資には「複利」という仕組みがある**こと。

先ほど少し触れましたが、複利とは、利子に対して利子がつくという仕組みです。

単利とは異なり、発生した利子を元本に入れることができるため、運用期間が長くなるほど利子総額が大きくなります。つまり、**お金が増えれば増えるほど、資産が増えやすくなる**のです。

たとえば、会社員の場合だと「月給30万円」など、稼げる金額に制限がありますよね。どれだけ貯金額が増えたとしても、「1カ月働いて30万円」というベースは変わりません。ですから、資産が増えるスピードが加速することもありません。でも複利で投資をする場合、資本が増えていけばいくほど、簡単に30万円稼げるようになります。

また、投資には「**市場が常に変化し続けている**」という面白さもあります。一度成功できたとしても、ずっと同じ方法で成功し続けられるわけではありません。今日成功できた手法でも、来週にはまったく使い物にならない手法になっている。そんなことがよく起きるのが投資です。

いつまで経っても、市場を完全攻略することはできないのです。

僕がずっと投資に夢中でいられるのは、投資に取り組むこと自体に楽しさを感じているからです。

「大金持ちになりたい」といった結果より、**投資という手段、稼ぎ方そのものに夢中**なのです。

このようなモチベーションでいるからこそ、長年にわたって試行錯誤しながら投資を続けることができました。

そして、そこで身についた期待値の考え方やマインドをもとに、「MEGA BIG」に当せんができたのだと思います。

投資は勉強するより「まずやってみる」

これまでの話を読んで、投資に興味が出てきた人は、**今すぐにでもチャレンジしたほうがいい**と思います。学んで理解しきってから始めるのではなく、**やりながら覚えていくのがおすすめ**です。僕自身も、やりながら覚えてここまで来ました。

投資に関する本はたくさん出ていますし、検索すればなんでも答えが出てきます。YouTubeにも、株式投資に関する動画は数多く存在します。

じっくり学ぼうと思っても情報が多すぎて学び切れないし、投資で勝てる方法は常に移り変わるもの。手法や仕組みは勉強できても、**「どうやったら勝てるか」は感覚を掴むしかない**のです。

そもそも、勉強だけをしていても「用語が覚えられない」「なんか難しい、理解できない」……と、やる前に躓《つまず》きそうなポイントがたくさんあります。それはもったいないので、まずはやってみること。自分事にしたほうが楽しいですし、理解度も高まります。

12歳で株式投資を始められたことは、僕の人生を振り返っても、トップクラスで「よかった」と思うことです。

今の世の中を動かしている中心にあるのが、株式会社です。つまり、**株は経済においての根幹。**この仕組みを理解することは、投資が本業ではなかったとしても、人生のプラスになることだと僕は思います。だから、いち早くチャレンジしてみるべきだと思うのです。

初心者の方におすすめなのは、インデックス投資。

インデックス投資とは、市場平均に投資をする手法のことです。手数料も低く少額でも投資できるため運用コストを抑えられますし、市場にある多くの銘柄で構成されるため、分散投資が可能。プロの投資家でも、その多くが成績でインデックス投資に勝てないといわれています。

僕は個別株投資にロマンを感じているし、まだまだ個別株で大きく稼ぎたいと考えているのでやっていません。でも、インデックス投資は常に一つの選択肢だと考えています。

インデックス投資は知識や技術がなくても、ほったらかしで多くのプロを上回る運用成績を狙うことができます。初心者の方も安心して挑戦できる投資だと思います。

確率の知識が投資に生きる

学校で学んだ科目の中で、投資に役立つと思うものがあります。それは、数学。特に、**確率の概念は投資にも直結する**と思います。

たとえば、確率2分の1のギャンブルには「1回負けても掛け金を2倍にしていけば、どこかで必ずプラスになる」という通説があります。このように、賭け金を変化させてギャンブルの攻略を目指す賭け方をシステムベットと呼びます。

しかし、この通説は実際の期待値を考えるとまったくのでたらめです。どのような賭け方を行っても期待値は変化しないため、結局このような方法で勝てることはないからです。

世の中にはこれを本気で信じている人もいます。でも、数学を学び確率を理解してさえいれば、この考え方は「おかしい」と思えるはずです。

一般論として正しいとされていることも、突き詰めると間違っていることはたくさんあります。過去の学びが正しい判断につながることもあるので、学校の勉強もあながちバカにはできません。

投資は「コツコツ稼ぐ」意識が重要

投資をする際は、**「一気に稼ぐ」「コツコツ稼ぐ」の2軸で方針を考えたほうがいい**です。なぜなら、**投資での成功には再現性がない**から。過去に成功した方法と同じことをやっても、同じ結果を手に入れることはできません。

僕も、仮に「この300万円を元本に3億円まで増やしてくれ」と言われても、できる気がしません。投資は知識だけでなく運やタイミングにも左右される手法。それをしっかり理解して、**一発逆転を狙うだけではなく「コツコツ稼ぐ」ことをやめないほうがいい**と考えています。

僕自身、「MEGA BIG」のような一気に勝負に出る手法だけでなく、コツコツ稼ぐやり方を並行して行っています。

たとえば、**デイトレード。**

デイトレードとは、一日のうちに売買を完結させる取引手法のこと。投資の知識があるに越したことはありませんが、ゲーム性の強い投資方法なので初心者でも勝てるチャンスがあります。

デイトレードは、購入した投資商品をその日中にすべて売却します。その日の値動きを見ながら取引を繰り返し、小さく利益を出すことを目指します。そのため、少ない元本で挑戦可能なのもポイントです。

大きな金額だけを動かしていると、プラスが出ない日が続くとどんどんナーバスになっていきます。でも定期的にデイトレードで利益が上げられていることは、僕の心の支えにもなっています。

「コツコツ稼ぐ方法を知っている」、それだけでも結果に違いが生まれると思うので、投資を始める人は2軸持つことをおすすめします。

そして、「MEGA　BIG」のような「一気に稼ぐ」手法に賭けられるのは、少しずつ増やす手法を知っているから。**もし資産が減っても「またコツコツ頑張ればいいや」と切り替えられる**ので、精神的にもいいと思うのです。

僕はデイトレードをコツコツ稼ぐ方法として使っていますが、働いて給料をもらうことを地道な手段として選ぶ人もいるでしょう。投資で稼ぐ場合も、投資の世界には、取引期間に応じてさまざまな手法があります。それぞれにメリットとデメリットがあるので、自分のライフスタイルやリスク許容度、目標に合わせて最適な手法を選ぶことが、成功のカギです。

「**スキャルピング**」は、数秒から数分といった超短期での取引を繰り返し、小さな利益を積み重ねる手法です。市場の微細な変動を捉えるため、瞬時の判断力と高度な集中力が求められます。

「**デイトレード**」は、先述の通り、1日の取引時間内で売買を完結させる手法です。

ポジションを翌日に持ち越さないため、夜間の予期せぬニュースによるリスクを回避できます。短期間で結果が出るため、若い投資家には魅力的かもしれません。

「スイングトレード」は、数日から数週間、時には数カ月にわたってポジションを保有し、中期的な価格変動を狙う手法です。デイトレードほど頻繁に取引する必要がないため、学業や仕事と両立しやすいのが特徴です。

最後に先ほど「長期投資」として触れた**「長期運用」**は、数年から数十年といった長期間にわたって資産を保有し、企業の成長や市場全体の上昇による利益を目指す手法です。短期的な価格変動に一喜一憂せず、時間を味方につけることで、複利の効果を最大限に活用できるのが魅力です。

投資に限らず、夢に向かって目標を設定するときにも、**大逆転を狙うものと、地道なものの2軸**を持っておくと、小さな目標を叶えられた喜びや安心感が、大きい目標に向かうモチベーションを高めてくれるのでおすすめです。

節税は頑張った分だけ結果が出る

お金を稼ぎたいなら、節税は意識せず「お金を稼ぐこと」だけに集中したほうがいいという考え方の人がいます。でも僕は、**投資家こそ節税に注力すべき**だと思います。

なぜなら、**投資は「頑張ったからお金が増える」ものではない**から。収益は安定していないし、その時々の運やタイミングもあるし、何より再現性がありません。

でも**節税は、頑張れば絶対に結果につながります。**知っているのと知らないのとでは、大違い。数十万～数百万円単位で資産が変わる可能性があるのです。

何か事業をやっている人であれば、100万円節税するより1000万円売り上げる方法を模索するほうが結果的に儲かるかもしれません。でも投資家の場合、事業で儲けることを考えなくていいので、時間はあるはずです。

節税方法は、ネットやSNSで調べればいろんな情報が出てきます。中にはグレーな方法もあるので、要注意。税務署から注意を受けた人もいるそうなので、どんな方法を採用するかは自己判断でお願いします。**「税金はすべてがグラデーションである」**ともいわれています。どこまで経費に算入できるかなど、はっきりとしない部分も多いので、詳細は専門家に相談することをおすすめします。

そして、税金といえば、**株は金融商品の中で税制的にもっとも優遇されている部類**だと思います。

たとえば、仮想通貨は累進課税が適用されるため、所得に応じ税率が変動します。最大で55％まで税率が上がるので、稼げば稼ぐほど徴収されてしまうのです。

一方、株式投資で得た利益にかかる税金は、最大で約20％。同じ金額を儲けたとしても、仮想通貨と株式投資では手元に残るお金がまったく違うのです。

稼ぎたいなら、出ていくお金に関しても目を向けるべき。節税知識をつけることで、手元に残るお金は大きく変動するのです。

第5章

お金と夢を生む出会いのつくり方

「成功者は人脈を大切にする」とよくいいますが、それには理由があります。

僕自身、さまざまな人と積極的に出会うことで、人生が大きく動きました。誰と関わるかで、得られる情報やチャンスの質が変わります。

本章では、人との関係値がお金と夢を生む理由と、顔を出し環境を変えることで得られる可能性についてお話しします。

お金のことはお金を持っている人に聞く

僕が信じるのは、「自分よりすごい人の言葉」だけ。

自分よりすごい人とはどんな人か？　それは、別の項目でもお話ししましたが**「僕よりお金を稼いでいる人」**です。僕はお金を指標に行動しているので、相談するならばやはり、お金を持っている人。ただ持っているだけではなく、自力で稼いだ人の言葉を重視しています。

情報収集にＹｏｕＴｕｂｅをよく見るのですが、ここでもやっぱり「お金を持っている人」の意見を参考にします。

よく見るのは、**メンタリストＤａｉＧｏさん**のチャンネル。ＤａｉＧｏさんはただ

「こう思う」ではなく、研究結果をもとに話してくれます。それもあって話している内容に納得がいくし、勉強になるなと感じています。

また、一番参考にしているのが**白坂慎太郎さん**のチャンネル。

白坂さんはご自身でも会社を経営している投資家で、YouTubeではこれまで5000本以上動画を出しています。

白坂先生の動画では、お金に関する価値観だけでなく「この先の人生どうすればいいか」など哲学的なところでも学びがありました。とにかく動画の種類が多いので、自分が悩んでいるときに過去の投稿を探すと、何かしら答えが見つかるのです。

YouTubeを見るだけでなく、実際に人と話して相談することもあります。

人が誰かに相談するときは、結論がすでに決まっていることが多いという説がありますす。でも僕の場合、自分である程度答えを出している相談だったとしても、**アドバイスされた内容によって選ぶ選択肢を変える**ことがよくあります。

僕が株式投資の分野で相談できる人は、2〜3人しかいません。全員Xで知り合った方で、僕よりもお金を持っています。僕の悩みのほとんどは、お金に関すること。繰り返しになりますが、**お金の悩みは「僕よりもお金を持っている人」に聞かないと意味がない**と思います。

相手に知見がなかったとしても、とりあえずなんでも相談したい、話を聞いてほしいという人もいると思います。でも僕は、**知見のない人に相談するのは〝すごくよくない〟**と考えています。

たとえば仕事の相談をするなら、同じ会社や同業の人に聞かないと意味がないと思います。その分野に詳しくない家族や友人に相談する場合、精神的な支えにはなりますが、問題を本当の意味で解決するような答えは返ってこないことが多いです。人生を左右するような相談を、知見のない人にするのは危険です。

ちなみに、お金以外の悩みは普通に友達に相談しています。

また、**相談の仕方も重要**です。

僕の場合、相談相手は僕以上にお金を持っている……つまり社会的地位のある人が多いです。時間をいただく以上、相手の時間も無駄にはできません。

だから、僕は**短く簡潔に、本題から相談を始めます。**

株の話をするなら「〇〇の銘柄を買おうとしているんですが、どう思いますか？」と具体的に切り込みます。加えて、自分がその銘柄に対してどう思っているかも添えるようにしています。なぜかというと、**相談した結果まったく違う意見をもらうと、かえって悩んでしまう**から。

反対意見をもらうからには、ちゃんと理由が欲しいですよね。自分の考えを先に言っておけば、その人が反対の立場だった場合には、その理由をきちんと教えてもらえると思います。また、同意見だったときは、より強く背中を押してもらうことができます。

物事を判断するにあたり、**情報の取捨選択をする力はかなり大切**です。

マイルールとして持っているのは、**積極的に近づいてくる人がいたら、その思惑をちゃんと考える**ということ。

お金について発信していると、連絡してくる人の中には悪い人もいます。その見極めはきちんとする必要があると感じています。


だからこそ、僕は**自分から相談するのが大事**だと考えます。

自分から相談してハメられることってそうそうないと思いますし、もしそんなことがあっても、それはその人に相談した自分の責任。「騙すほうが悪い」ではなく、その人を選んだ「自分が悪い」のです。そう考えれば、何か起きても諦めがつくと思います。


そして、**お金絡みのことは、友人とは共有しないほうがいい**と思います。

お金に関する発信を顔出しでしているので、周りの人は僕の資産を知っています。

今通っている大学の知り合いには、お金目的で近寄ってくる人がいなくて助かりましたが、その他のタイミングで関わった人たちからは「お金を貸してほしい」と山ほど言われてきました。

しかし、友人には一度も貸していません。「金の切れ目が縁の切れ目」という言葉がある通り、お金で大切な友人を失いたくないからです。

コミュニティに属することで人は安定する

医学部受験に失敗し、僕は1年間、仮面浪人をしました。この1年間は、僕の考え方が変わる転換点でもあります。

仮面浪人すると決めたので、4月以降はほとんど大学に行かなくなりました。進級に関わる課題もテストも関係ないからです。投資サークルにだけ所属していましたが、たまに顔を出すくらい。何も制約がなく、どのコミュニティにも積極的に所属しない。つまり、僕には丸1年間自由な時間があったということです。

自由に過ごした結果、僕は「**自由な時間がありすぎてもよくない**」と思うようになりました。受験勉強と株は続けていましたが、24時間をどう使うかの裁量はすべて自分次第。なんの制約もないのでどんどんリズムがおかしくなり、生活が破綻し、精神的に壊れる寸前まで追い込まれてしまいました。

何もすることがないとなんでも好きなことができるので、一見最高に思えます。でも、実際体験してみたらまったく快適ではありませんでした。何もしなくていい時間が続くと、意外と病みます。僕にとって、暇で自由な時間は辛《つら》いことでした。

このしんどい1年間を経て、何かしらのコミュニティに属することの重要性を感じるようになりました。学校や仕事、よく行くお店など、**気の置けない仲間や行きつけの場所をつくることで、人は安定する**のだと思います。

この先どれだけお金を持てたとしても、何かしらのコミュニティには属したいと考えています。

「正解」や「今後」を考えなければ緊張は減らせる

人と会うことが苦手な方は多いと思います。緊張して、むしろ「会いたくないな」と思ってしまうこともあるのではないでしょうか。

僕も人見知りなので、積極的に人と関わりたいとはあまり思っていません。コミュニケーションを取るのも苦手ですし、自ら「人脈を広げよう」と思って行動することはありません。

それでも、僕がさまざまな経営者さんや著名人の方と交流できているのは、一種の「諦念」に至っているからだと思います。

僕は、**人との関係構築において正解・不正解は特にない**という考え方を持っています。つまり、**僕がコミュニケーションを頑張ろうが何しようが、結果は一緒。**

仕事の商談で会う場合は、「自分に価値があると思わせなければ」という目的があると思います。

でも僕が人と会う場合、**別に「価値があるヤツ」と思ってもらわなくてもいい。**投資で生計を立てているので、人と会うことで利益が変動することはありません。そのため、相手にどう思われてもいいと思えるのです。

会って何かに結びつけるのが目的というより、**会うこと自体が目的、**という感じでしょうか。お会いして話している時間が楽しければ、それでいいと思っています。

また、関係性を持続させることにも固執はしていません。

関係が疎遠になる＝悪とは思わないので、一度お会いした後こまめに連絡を取るなど、関係値を維持するための動きをすることもありません。

そうやって人と付き合っていてもなお残るものがあれば儲けもの、結果的にそれが自分の糧になればいい……と考えています。

テレビで見ていた方を目の前にしたときはさすがにちょっと緊張しましたが、「**明日には僕のことなんて忘れているだろう**」と思ったので、いざ会食が始まってからは特に緊張しませんでした。

人と会うときの緊張具合でいったら、著名人と話すより、好みの女の子と話すほうが緊張します。

おそらく、女の子と話すときは見返りを求めてしまうからだと思います。仲よくなりたい、付き合いたい、僕のことをいいと思ってほしい……無意識にそんなことを思ってしまうので、力が入ってしまうのです。

一方、それ以外の方と会うにあたり、僕は何も見返りを求めていません。会うこと自体に価値を感じているので、欲がなく緊張にもつながらないのです。

人と会うときに緊張してしまう人は、**あえて「見返りを求めない」スタンスで挑む**のもいいかもしれません。そうすることでその場を純粋に楽しむことができ、結果的にいい成果につながることもあるのではないでしょうか。

人脈は「自分が表に出る」ことで広がっていく

僕はこれまで数多くの著名な方たちとお会いしたことがあります。「ＭＥＧＡ　ＢＩＧ」での大勝がニュースになったことで、ＹｏｕＴｕｂｅｒとして活動している方のチャンネルにゲスト出演する機会も増えました。ラファエルさん、三崎優太さん、トマホークチャンネルなど、さまざまな方のチャンネルで動画が上がっています。

こういった著名な方々にお会いすると、やはり刺激をもらいます。本来であれば手の届かないところにいる人とお会いすることで、**「もっと頑張ろう」と勇気をもらえる**のです。また、**「僕もあそこまで行けるかな」と上昇志向も生まれます。**

思いがけず楽しいことができたり、仕事やチャンスをいただけたりするので、機会さえあれば積極的にお会いするようにしています。

19歳のときには、15万円払って堀江貴文（ホリエモン）さんとお寿司を食べたことがあります。15万円払えば誰でも参加できるイベントに参加したのです。

これを「高い」とか「意味がない」と考える人もいるかもしれません。

しかし僕は「ホリエモンさんと話してお寿司も食べられる」内容に15万円以上の価値があると判断しました。ホリエモンさんと会えば今後につながる……みたいな打算はなく、会うことそのものに15万円以上の価値があると思ったのです。

SNSやYouTubeで顔を出すことは「得」

なぜ人見知りの僕が、そんなすごい人たちとつながることができたのか。

……それは、**「自分が表に出た」から**です。

自分が表に出ると、初対面でも相手が僕のことをある程度知ってくれているので、そういう面でもラクです。

初めて会う方に「株をやっていて、資産3億円で……」と言っても、なかなか信じてもらえないのではないでしょうか。胡散臭いヤツだと思われるリスクもあります。でも、これだけ発信していたら「本当だな」と思ってもらえる確率が上がります。

今、僕のXのフォロワーは9・9万人。YouTubeは1・1万人の登録者がいます（2025年2月現在）。

フォロワーや登録者の数を「どうやったら伸ばせるんだろう」と考えたことはなく、自分のやっていることを発信していたらいつの間にか伸びていた……という感じ。特にXは、発信内容のインパクトが強いので大幅に伸びたのだと思います。

SNSに詳しい友人からは、「うまいことやればもっと増えるよ」と言われます。ですから、フォロワー数の確保という面では損をしているのかもしれません。

僕は、ちやほやされるのが好き。フォロワーが多いとちやほやされる回数も増えると思うので、今後はフォロワーを増やすことも考えてみたいと思います。

ただ、優先順位の第1位がお金ということに変わりはないので、SNSの案件で投資よりも稼げるような状況にならない限り、インフルエンサー活動に本腰を入れることはないかもしれません。

自分が表に出ることについて、僕は自信を持って「いい」と思っています。

前述の通り**人との出会いにもつながるし、チャンスが巡ってくる確率も上がる**からです。

今は、誰もがSNSを使う時代。ネット上に顔を出している人も、どんどん増えています。

でも現実世界で見ると、ネットで顔を出している人はまだまだ少数派です。外を歩くときはみんな顔を出しているわけですし、僕は「ネットで顔を出しても問題ない」という考え。出すことで出会えるチャンスとリスクを天秤《てんびん》にかけたとき、チャンスのほうがかなり大きいと思います。

また、**何かで成功すれば、いずれ顔は出てしまいます。**それならば最初から出していていいのでは、と僕は思うのです。僕自身は顔を出して活動したことによるトラブルも、現時点では特にありません。

上の世代の方だと、ネットに顔を出す選択肢すらないという人もいると思います。だけど僕らの世代、一般的に「Z世代」といわれる、1990年代半ばから2000年代にかけて生まれた年代は、SNSが身近にあって当たり前。YouTuberという職業も一般的になっています。「表に出るのが得になる」という考えは、もしかしたらZ世代特有なのかもしれませんね。

やっている人がいないところにこそ、チャンスは転がっているはず。世代にかかわらず、**自分が広告塔になって表に出る選択肢を持つと、世界が広がる**のではないでしょうか。

若者のための政治がしたい

これまでたくさんの人と出会いましたが、中でも僕にとって大きかったのは立花孝志さんとの出会いです。

元々、僕は中学生の頃から立花さんのＹｏｕＴｕｂｅを見ていました。僕が魅力に感じていたのは、立花さんの歯に衣着せぬ物言い。あんなに面白く、分かりやすく話してくれる政治家はほかにいないと思います。

立花さんは主要政党に所属していないので、発言が縛られていません。思ったことを遠慮なく語ってくれる姿勢に魅力を感じ、選挙権がない中学生のときから、僕は立花さんの動画を見ていました。

蛇足ですが、Z世代の支持を得たい政治家は、絶対にYouTubeで発信したほうがいいです。自分の経験則からも、Z世代にリーチさせるなら、ネットを駆使するのがもっとも効率的だと思います。

立花さんとお会いしたきっかけは、立花さんが動画で僕を取り上げてくださったこと。僕の発信を見て、認知してくれたのです。立花さんが先に門戸を開いてくださったので、僕から連絡してお会いいただくことができました。

実際にお会いしてみると、あまりにもYouTubeで見ていた姿と乖離《かいり》がないので驚きました。

政治家と会って発信すると、SNSでたまに「利用されているんじゃないか」など悪意のあるコメントが届くことがあります。

でも、僕は**「利用するのは当然」**だと思っています。僕が利用されて当然なのではなく、僕も立花さんを利用している部分があると思うから。お互いにメリットがあるからこそ手を組むのであって、どこかでウィンウィンな部分があると思うのです。

僕は今、政治に強い関心を抱いていて、2025年2月にNHK党の副党首に就任しました。

僕が訴えたいのは**「若者のための政治をしてほしい」**ということ。

今の日本では、参議院議員に立候補するには30歳以上でないといけないというルールがあります。だけどこれには、合理的な理由がありません。僕的には「単なる若者差別では？」と思います。

それから、若者から税金を吸い取り高齢者に還元する……という構図にも納得がいっていません。

僕は人並み以上に資産を持っているので、もしかしたら「それだけ儲けているんだから、日本を変えなくても安泰じゃん」と思う人もいるかもしれません。

でも、それは逆です。僕は1000万円以上税金を払っているので、だからこそ、その使い道にすごく腹が立ちます。**払っている税金が多いからこそ、政治への当事者意識も強くなっているのです。**

一度きりの人生だから、常識にとらわれていてはもったいない

僕は、一般的に「Z世代」といわれる年代です。

Z世代の特徴は、デジタルネイティブ……つまり、子どもの頃からインターネットが普及していること。物心ついたときにはインターネットがあり、子ども時代からSNSに触れている世代です。

友人やZ世代の有名人を見ていて僕が思うのは、**「頭のいい人が多いな」**ということ。勉強ができるというより、**思考力がある**ように思います。たとえば20代で売れている芸人さんも、賢く戦略的に面白いことをしている人が多いなと思います。**インターネットという道具が増えた分、頭のいい人同士が出会い、場所を問わず活躍する**

時代になっているのではないでしょうか。

僕は、Z世代の恩恵を存分に受けています。

そもそも、インターネットがなければ12歳で株式投資にチャレンジできていません。また、最近知名度が上がってきているのも、SNSが発展しているからこそ。

僕が思うこの世代の強みは、**「固定観念にとらわれていない」**こと。たとえば、ひと昔前だと、整形にはマイナスイメージがありました。でも僕らの世代だと、整形に対する抵抗はあまりありません。

キャバ嬢やホスト、YouTuberなどを目指す人もたくさんいますし、古い時代の固定観念が崩れていて、いい流れだなと感じています。

Z世代には、僕が「追い越したい」と思うライバルがたくさんいます。

今までの投資成績だけで見たら、正直いって僕が一番。僕以上に優れた投資家は、同世代にはいないと思います。だけど発信力などほかの側面で見たら、僕よりも優れている人は本当にたくさんいます。

僕が投資家として結果を出せたのは、僕がZ世代に生まれたから。そして今後は、同世代の活躍に刺激を受けながら知名度を上げていきたいと思っています。

常識を疑え

世の中にある常識は、本当に全部必要なものでしょうか？　僕は、**成功したいなら常識を疑うことが大事**なのではないかと思います。

特に日本は同調圧力の強い国ですし、決まりを守らなきゃ、みんなと同じことをしなきゃ……と思う人が多いのではないでしょうか。

でも、**周りに合わせた結果、自分のやりたいことができなかったらもったいない。**それより、空気は読めなかったとしても、すごいことを成し遂げる人のほうがいいと僕は思います。

常識を守るために生きているんですか？　規則を守ることが人生の目的なんですか？　賛否はあるかもしれませんが、僕はそう疑問に思うのです。

たとえば、メールの返事。

時候の挨拶を入れたり、必ず「お世話になっております」から始めたり……なんとなくビジネスマナーとして社会通念になっていることですが、それって本当に必要なんでしょうか。

そんなことを打ち込んでいる暇があったら、サクッと用件だけ送って、ほかの仕事に取り組んだほうがコスパ・タイパはいい。僕はそう思います。

また、最近僕が思っているのは「なぜ電車で電話してはいけないのかな？」ということ。人の迷惑になるくらい大声でしゃべるのはもちろんダメですが、小さい声で話すくらいならいいのでは、と思うのです。電車内で人としゃべるのはOKで、なんで電話はダメなんだろう？　一応ルールなので電車内で堂々と電話することはないけれど、いつも「なんでだろう」と思っています。

それから、高校生の頃は「なぜ校内でスマホを使っちゃダメなんだろう」と思っていました。おそらく「風紀が乱れる」とか「勉強に集中できない」とか、何かしら理由があるのだと思います。

でも個人的には、スマホを触っていたからといって勉強しないなんてことはない。この校則に納得できていなかったので、高校時代はスマホ3台持ちでゲームや投資に勤しんでいました。結果、高校生ながら億を手にすることができたのです。

僕は、**人に迷惑をかけなければ、全体の利益より個人の利益を優先していい**と思っています。自分が損をするのに、全体を考えて行動を制限するなんて意味が分かりません。

たとえば、僕は「現役医学生」という肩書をフル活用したいと思っています。僕が通っていることがバレると、おそらく大学にとってはデメリット。医学部という真面目な環境に、僕のような破天荒な人間が所属し学んでいる……その状態を嫌がる人も多いでしょう。

でも僕にとって、「現役医学生」の肩書はメリット。賢いイメージのある「医学生」として発言することで説得力が増し、より多くの人に注目してもらえるのではないかと思っています。

せっかく所属しているのだから、これを活用しない手はありません。

ルールだからと、言われたことをすべて受け入れる必要はない。そんなことしていたらやりたいことも実現できないし、損をしてしまいます。当たり前になっていることも、よく考えてみたら納得のいく理由がないかもしれません。**まず常識を疑ってみては？**と、僕は言いたいです。

そして、何をやっても文句を言う人はいます。僕が「MEGA BIG」で当せんしたときは、「スポーツくじで儲けることは道徳的によくない」など意味の分からない意見を押しつけてきた人が何人かいました。でも、なぜスポーツくじで儲けちゃダメなんでしょうか？　納得のいく理由があるなら、説明してほしいです。

何をしても絶対に敵はできるので、気にしないのが一番です。

人生は、みんな平等に一度きり。僕はこの一度きりの人生で、何か大きなことを成し遂げたいという野心があります。**一回しかないいんだから、世間の目を気にしていては もったいない。**成功したいなら、**自分の利益を追求していい**と思うのです。

おわりに

「お金を稼ぎたい」「お金が一番大事」そう言う僕に対し、「なんでそんなにお金にこだわるの？」と思う人もいるかもしれません。

正直、僕は何か目的があってお金を稼いでいるわけではありません。

でも一つ思うのは、いつか自分に家族ができたとき、不自由な思いはさせたくないということ。**身の周りの人が困ったとき、いくらでもお金を差し出せる状態でいたい**のです。

当たり前ですが、お金は使えばなくなります。

だから、天井は見ず、何百億円という莫大な資産を手に入れたいと思っています。

「そんなに稼いだって、天国にお金を持っていけない」と言われることもあります。

でも、**僕が価値を感じているのはお金を〝持っている〟状態そのもの。**使い切りたいとは思っていないので、僕はいつまでも稼ぎ続けたい。そしてお金を使い切れないまま死んだとしても、〝持っている〟状態に満足しているんじゃないかなと思います。

この本を読んでいただいた方にお伝えしたいのは、とにかく「**自由に考えて自由に行動しましょう！**」ということです。

僕は、20歳で資産3億円を手に入れました。しようと思えば、今すぐにでもFIREできる状態です。僕がこの環境を手に入れることができたのは、**自分が「楽しい」「正しい」と思えることを選択してきた**から。

つまり、**固定観念や世間一般のルールにとらわれず、自由に考え行動してきた**からこそ、年齢の割に大きなリターンを得ることができたのだと思います。「普通はこうだろう」という考えに縛られていたら、この状態にはなっていないでしょう。

もし、あなたが僕と同じように「お金持ちになりたい」と願うなら、または実現したい目標があるのなら、栄光を掴むために必要なのは**自由な考え方と行動力**です。

思考を深めるときには、この本で話した期待値の計算や、判断基準を試してみてもらえたら嬉しいです。また、実際に行動する時には、お伝えしたマインドで決断し、結果を待ち、正しく評価するところまで、ぜひやってみてほしいです。

置かれている環境は人それぞれ違うので、「自分は自由に動けないよ」と思う方もいるかもしれません。

でも「自由に考える」ことは誰でもできるはず。

僕がやってきた方法だけが正しいわけじゃないし、そもそも投資の場合は勝つ方法が刻々と変わります。みなさんがそれぞれ自由に考えて、全員で夢を叶えられたらいいなと思っています。

もし多くの人が1億円を稼げるようになったら、独占欲の強い僕は、「別に1億円には価値がないな」と思うでしょう。

もしそうなっても、僕はそれ以上稼ぐだけです。人生の指針がお金であることは今後もきっと揺らがないので、みなさんがこの本を参考にして稼げるようになったら、僕はそれ以上に稼げる方法を考えます。

ぜひ、みんなで競い合ってお金持ちを目指しましょう！

あなたの夢が叶うことを心から願っています。

２０２５年３月吉日　造船太郎

造船太郎（ぞうせんたろう）
2004年6月27日生まれ。小学5年生から株式投資を開始し、中学生時代にデイトレーダーとして活動。17歳で投資を再開し、18歳で総資産1億円を達成。2024年、医学部在学中にスポーツくじ「MEGA BIG」に2億円以上当せんし、20歳で総資産3億円を超える。
X（旧Twitter）：@zosentarou
YouTube：@造船太郎チャンネル

勝《か》ち目《め》を見抜《みぬ》く力《ちから》
チャンスに全《ぜん》ベットして18歳《さい》で億万長者《おくまんちょうじゃ》になった話《はなし》

2025年 3 月26日　初版発行

著者／造船《ぞうせん》太郎《たろう》

発行者／山下 直久

発行／株式会社KADOKAWA
〒102-8177　東京都千代田区富士見2-13-3
電話　0570-002-301（ナビダイヤル）

印刷所／大日本印刷株式会社

製本所／大日本印刷株式会社

●お問い合わせ
https://www.kadokawa.co.jp/（「お問い合わせ」へお進みください）
※内容によっては、お答えできない場合があります。
※サポートは日本国内のみとさせていただきます。
※Japanese text only

定価はカバーに表示してあります。

ISBN 978-4-04-607470-6　C0030